新潮文庫

建築家、走る

隈　研吾著

新潮社版

10322

悩んでいる日々を

建築家とは自己表現を糧《かて》に生きている人種の代表と思われるかもしれません。何しろあんな巨大な作品が、一人の人間の名前を冠して、突如、街の中に出現してしまうのですから。

2013年4月には、十年にわたって手がけてきた東京の歌舞伎座《かぶきざ》が新規に開場し、第五代の建物が姿を現すことになりました。新しい歌舞伎座は、地下四階・地上二十九階の超高層オフィスビルの前面に、先代の桃山様式を踏襲した劇場を置き、過去と現在を融合させたものです。

建築は竣工《しゅんこう》の瞬間に自分の手を離れて、街のものになります。自分が関わったものであっても、自分の脇《わき》に置いておけるわけではなく、瞬《また》く間に「遠く」のものになっていきます。

しかし、そのことを惜しむ気持ちは、ぼくの中には希薄です。自分が死んだ後の長い時間軸で建築を考えると、「目立つ作品にしたい」といった類《たぐい》の利己的な思いは、どんどんと浄化されて、消えていくのを感じます。「世間さまの迷惑になるようなことだけはするんじゃないよ」といい続けた、昔の母親みたいな心持ちとでもいいましょうか。

それでも、今回の歌舞伎座はとりわけ、「表現」とは何か、「自分」とは何かについて、いつも以上に考え、悩みました。

過去の仕事を振り返ると、「表現」にこだわったものは、建築としては逆に弱いものになったように思います。何かを表現したいということより、「自分の嫌いな建築は作りたくない」という一念にこだわって、建築を磨いて、磨いて、磨き続けると、強い建築ができるようなのです。

なぜだかよくわからないけれど、「これはどうしようもなく嫌いだ」という建築が、子供の頃からぼくの中にはありました。

年月がたった後に、言葉で整理してみたら、「コンクリートに頼ってできた、重くて、エバった感じの建築が大嫌いなのだ」ということがわかりました。もっと簡単に、もっと率直にいうと、「ぼくの前までの世代の、日本のエラい建築家が作った、エラい建築だけは作りたくない」「日本が強かった時代の、強い建築は倣《なら》いたくない」「弱い日本なのだから、弱い建築を作りたい」という、ちょっと依怙地《いこじ》なこだわりが、自分の中心にずっと横たわっていたのです。

そのような思いを抱いて、今まで、建築について何冊も本を書いてきましたが、この本は少し違うものになりました。

今回の本は、日々ざっくばらんに語ったことを、清野由美さんという冷静で客観的なジャーナリストにまとめてもらったもので、その時々の感情や悩みを、あえてそのままに、おしゃべりし続けています。第三者に話を聞き出してもらうことで、そこに自分でも思わぬ自分の姿が現れました。どんな姿かというと、「カッコをつけない自分」です。

建築家というものは、プレゼンテーションからプレゼンテーションへと駆け回る人種です。プレゼンテーションとは、カッコをつけなければ成り立たない場所です。そんな場所で、こちらの迷いや悩みを正直にぶちまけてしまうと、聞いている相手が不安になってしまいます。何百億円ものお金をかけるプロジェクトを、こんな悩んでばかりいる人にまかせていいのかなあと、クライアントが不安に陥ったら、関係者全員が困ってしまう。だからプレゼンテーションの場で、ぼくは悩みや迷いは一切見せません。いつでもストレートにいい切って、相手を安心させます。

でも、現実の中で建築ができあがっていく周辺には、いろいろな力が解きほぐしようもなくからみ合っていて、設計のプロセスは悩みと迷いの連続なのです。この建築を建てることが街にとって、環境にとって、本当にいいことなのか、地域の人たちを幸せにすることなのか。そういう根源的なことについても、ぼくはぐだぐだと悩み続けます。

建てない、という選択肢についても考えて、しかし、それでは街はさびれるなあ、とまた悩みます。そのように、あれこれ考え続けて、プレゼンテーションの当日には、そのプロジェクトに加わるあらゆるプレッシャー、与条件、場所が内蔵する特性、と、すべてを考え抜き、調整に調整を重ねて一つに絞り込んだ案を説明します。もちろんエバった建築にならないよう、注意深く磨きに磨いた案で、それをみんなの前に持っていって、笑顔で「これです」と、いい切るのです。

カッコをつけていい切る習性は、本を書くときも同じです。『負ける建築』(岩波書店)というタイトルの本を書いたときでさえ、めそめそと負けていたわけではなく、悩みや迷いを切り捨てて、バシッといい切りました。

しかし、よく考えてみると、ぼくの本領とは、いろいろな事象の複雑さだけでなく、関係者一人ひとりの暮らしや立場に気が付くことにこそ、あるのかもしれません。気付き過ぎてしまうがゆえに、ああだこうだと悩むのが、ぼくという建築家なのです。

そこが前世代、すなわち高度成長期や、それに続く、たくさん公共建築を建てる力のあった「強い日本」に属するマッチョな建築家たちとの違いではないかと思うのです。

ぼくは「強い時代」に遅れた世代の建築家です。「弱い日本」に生まれざるを得なかったがゆえの悩み、迷いこそが、ぼくの本領なのです。そんな思いを正直に打ち明けた本が、聞き書きの手法——清野さんの解像度の高いヒアリングの結果として、偶然にも出現しました。

建築家、走る＊目次

見えない建築（「亀老山展望台」）
見えない建築の進化（「水／ガラス」）
予算がない＝アイディアが出る（「森舞台／登米町伝統芸能伝承館」）
石を使い尽くす（「石の美術館」）
やがてライトの建築につながる（「那珂川町馬頭広重美術館」）
成金手法の流行
オレはいったい何をやっていたのか
苦労、覚悟、挑発、開き直り（「竹の家」）
行け、現場へ
自分の基準を乗り越えていく
中央嫌いのひねくれもの
不況に感謝
原点にあるボロい実家
なぜ日本が建築家を輩出するか

建築家、走る

第1章　世界を駆け回る

世界一周チケットで

現在、ぼくらの事務所で受けているプロジェクトを地域別にいうと、ヨーロッパとアメリカ、中国・韓国などアジア、そして日本が、それぞれ三分の一ずつという割合になっています。その現場を順番にぐるぐると回っているのがぼくの日常です。

建築をめぐっては巨大なお金が動いています。その背後には、経済は当然のことながら、政治、外交、国際社会と、とにかく人間の営みのあらゆる要素がからんできます。この地球上で現在、どこに富とパワーが集まっているかを示す最前線の指標が「建築」です。

たとえば一年前の年頭は、年末年始の休みもそこそこに、正月二日から北京《ペキン》、香港《ホンコン》、ミャンマー、パリ、エジンバラ、ニューヨークと早速、地球を一回りすることになりました。

ミャンマーは初めて訪れた地です。クライアントは、20年前にミャンマーに住みついたという元ヒッピーで、75歳のフランス人。軍事独裁政権が終わりを迎え、いよいよミャンマーに国を開く機運が来たので、かねてからの夢だったホテルを作りたいという話でした。古都パガンのイラワジ川沿いの敷地に飛びましたが、軍事政権のトップのご夫人が、偶然我々の飛行機に同乗したので、彼女の都合に合わせて、飛行経路まで変更されるというとんでもない旅になりました。

ミャンマーでの打ち合わせなのに、なぜ世界一周か？　というと、航空券の料金システムのせいです。年頭はミャンマーと中国の二ヶ国に用事があったのですが、最初に中国に入国し、そこからすぐ隣りのミャンマーに行って、日本に帰ってくる旅程にすると、距離は最短だけど、値段はとんでもなく高いことになります。航空料金には世界一周割引という特別な割引があって、旅程がうまく作れると、通常の何分の一かの料金になります。「世界一周」という定義に旅程をあてはめる、一種の高度なパズルを解きながら、ぼくは地球の上を宇宙飛行のように、ぐるぐると回ることになるわけです（笑）。

旅程はタフです。だいたい国際空港のある大都市にそのまま滞在するわけではなく、いつも、そこからさらに奥の現場に分け入って行きます。たとえば中国では北京で飛行機を降りて、鄭州《ていしゅう》に乗り継ぎ、そこから車で山中にある少林寺まで行って、お寺が作るミュージアムの打ち合わせ。さらに昆明《こんめい》経由で騰冲《とうちゅう》へ行って、香港を経てミャンマーに入国する、という具合。

ミャンマーでは八日の夜に旧首都のヤンゴンを出て、九日の朝にチューリヒに着いて、そのままパリ入り。十日の朝はパリからエジンバラに飛んで「ヴィクトリア&アルバート・ミュージアム　スコットランド分館」の打ち合わせ。十一日にエジンバラを発《た》って十二日にニューヨークに着いて、ここでは、9・11で壊されたWTCタワーのあとに建つ「1ワールドトレードセンター」の中に入るチャイナ・センターのインテリアについて一日中打ち合わせ。十三日の朝にJFK空港から飛行機に乗って、十四日に成田に戻ってきました。

これだけの旅行でも、機内持ち込みの手荷物一つです。もしスーツケースを預けて、空港で出てこないことがあったら、その後の旅程がすべて狂いますから、絶対に預けません。いかに最小限の荷物で旅行するかについては、服装を含めて、研究し尽くしています（笑）。

建築家は競走馬

そのような激しい移動を日常的にこなしているのはぼくに限りません。世界の第一線にいる建築家は、多かれ少なかれ、似たような日々を過ごしています。

すべてのきっかけは1997年、ビルバオというスペインの地方都市に、フランク・ゲーリーというアメリカ人建築家が設計した「ビルバオ・グッゲンハイム美術館」ができたことにあるとぼくは思っています。

それ以前も、建築家とはサラリーマン的な日々のルーティンとはかけ離れた、無茶な日常を送る人種でしたが、ビルバオ以降、そこに消耗的な動きが加速度を付けて加わるようになりました。

もっと正確にいえば、この背後には1985年のプラザ合意以降の、経済のグローバル化という状況があります。その状況を背景にした、新しい建築デザインのあり方が、ビルバオを通じて、我々の目に見える形で示されてきたというわけです。

ビルバオは工業で栄えた大きめな地方都市で、日本でいえば名古屋に近いイメージです。その意味で小さな村ではありませんでしたが、観光都市としてのネームバリューはゼロでした。それがビルバオ・グッゲンハイム美術館ができた途端に、スペインのみならず、世界中から観光客が訪れる観光地に変身し、一挙に世界的に注目されるようになったのです。それをぼくら建築家の間では「ビルバオ現象」と呼んでいます。

ビルバオ現象が何かといえば、それは、「建築がアイコンとなって都市を救う」という新しい物語のことです。

90年代の後半は、世界中で20世紀型の工業化社会が崩壊し、それに代わって金融資本主義が世界経済を先導するようになりました。しかし21世紀に入って、金融資本主義もマイナス面ばかりが目立つようになります。その中で、ビルバオにだけは、建築のパワーによって、資本主義の閉塞《へいそく》を突破できるかのような高揚がもたらされたのです。以降、世界中の都市が「自分たちもビルバオになりたい」と野心を抱くようになりました。

それら野心的な都市の関係者が目をつけたのが、建築家の創造性です。国籍や拠点にかかわらず、「この人はアイコンを作れるかもしれない、それで我々の都市を救ってくれるかもしれない」という希望的観測だけで、ブランド登録された建築家に突如メールが舞い込むようになりました。

「ブランド登録された」とは「キャラクターが立っている」建築家ということで、芸人と似たような基準です。キャラは作品だけで立つわけではありません。出自も含めてのキャラです。たとえば、元ボクサーというのも、キャラを立たせる大きな要素になります。

メールの「お願い」の中身はどんなものかというと、直接的な設計依頼の場合もありますが、だいたいはコンペティション（設計競技）への参加の依頼です。要するに、何人かのめぼしい建築家を世界中から呼んで、競わせたいというわけです。ぼくらはその戦いに参加して、選ばれないと仕事が始まらないことになり、今では一年中そういうレースに駆り出されるようになりました。いってみれば、毎週レースに出なければいけない競走馬みたいなものです。だから今、建築家はそんな状況に耐えられる精神力、体力がないとやっていけない職業になっています。ビルバオ以降、建築家は上から目線で仕事を選べるエリートではなく、毎回出走を義務付けられた、みじめな（あるいは忙しい）競走馬であることが明らかになったのです。

20世紀型建築家出世すごろく

もはや過去の話ですが、20世紀には建築家連中が、それぞれの国内で安定的に仕事を得て、国内的なステータスやネットワークを高めて、後は自動的に仕事が来る、といった「建築家出世すごろく」がありました。

昔の建築家のアイコン確立のプロセスは、住宅から始まります。実家でも親戚《しんせき》でもいいから、タダみたいな設計料で、小さな住宅を設計して、とにかくまずは自分のキャラクターを誇示する。それから小さい美術館、次にもう少し規模の大きな文化施設、という段階があり、そのすごろくに沿ってコマを進めていけばよかった。地方競馬、中央競馬を走った後に、いよいよ世界競馬の出場資格が与えられ、その後には種馬となって、安らかな老後を送る、というような、約束された馬人生があったのです。

戦後日本の建築界は、1913年生まれの丹下《たんげ》健三《けんぞう》さんを第一世代として、第二世代に槇文彦《まきふみひこ》さん（1928〜）、磯崎新《いそざきあらた》さん（1931〜）、黒川紀章さん（1934〜2007）が続きますが、その第二世代までは安定した国内発注形態に安住していられました。日本の建築界で「20世紀的な状況」といえば、槇さん、磯崎さん、黒川さんといったスター建築家が中心にいたころのことです。

その後、1970年代末に安藤忠雄さん（1941〜）、伊東豊雄《いとうとよお》さん（1941〜）といった第三世代が舞台の上に登場します。第三世代はある意味、移行期で、前世代までの国内受注システムの恩恵が残っていました。たとえば、伊東豊雄さんの「せんだいメディアテーク」（2000年）という建築がありますが、あれはまさに移行期のモニュメントといえます。バブルは90年代の初めには弾《はじ》けてしまうけれど、90年代にはまだ、バブル期の税収でたまったお金があったのです。

その後、ぼくらの第四世代になると、国内の建築需要は満たされて、そこに走る場所はなくなりました。ということで、国際レースに駆り出されて出走するしかない時代に、ぼくらは放り出されたわけです。

その厳しい状況は日本だけに限りません。また建築だけにも限りません。製造業にしろ、金融業にしろ、それまであった国内の安定的な相互依存と相互受注システムは、グローバリゼーション以降、あらゆる国で失われていきました。その結果、孤独な競走馬として国際レースを走り続けるしかない役目が、あらゆる人たちに課せられるようになりました。

一人の建築家としては、時間も予算も余裕のある中で、ゆったりと設計に向き合うことが理想です。でも現実は、レースに引っ張り出されなかったら仕事がない。仕事がなければ事務所も自分もつぶれる。つぶれないために、休みもなしに走り続ける。そういう過酷な馬場に引き出されてしまったのです。

建築は戦闘能力を持っている

ビルバオ以降、建築家が競走馬化する一方で、若い世代の建築家が従来のすごろくをスキップして名を上げる「飛び級現象」も目立つようになりました。彼らは、建築ではなくミュージアムやアートギャラリーなどのアートの世界の展示やインスタレーション（空間構成）で自分の才能を示していきます。そんな新世代の建築家たちを、ぼくはひそかに「パビリオン系」と呼んでいます。

そもそもぼくら第四世代というのが、アートからの新しいニーズで鍛えられた世代でした。20世紀型建築家出世すごろくと、次世代パビリオン系との狭間《はざま》で成長した世代が、つまりぼくたちです。美術館で自分をいかにアイコンとして演出するか、という訓練を積まされた経験からいえば、今の建築の世界がすごろくをスキップする方向に流れてくることは、十分に予測可能でした。

日本で建築展というものが急に増えていったのは、80年代後半のバブルの時代でした。いまや懐《なつ》かしき過去の話ですが、当時は建築業界もまだお金の余裕があり、建設会社が建築展のスポンサーになってくれました。80年代でいうと、堤清二さん率いるセゾングループの美術館も、建築展を盛んに催していました。当時30代だった第四世代は使い勝手のいい年齢で、80年代の半ばから、池袋のデパートの中にあった西武美術館を始め、いろいろな美術館の展覧会に駆り出されていきました。

　実際に建つかどうかは別にして、バブルの時期の建築展という場所は、単純に面白いものでもありました。たとえば美術館の展示にアーティストを起用する場合、そのアーティストが何十年かの蓄積を経てきたものをたくさん並べてようやく、空間の密度、展覧会の密度が達成されます。でも建築家がインスタレーションをする場合は、経験がなくても結構簡単に完成度の高い空間を作れてしまう。それはまさしく建築というものが持っている「戦闘能力」のたまものです。バブル期とは、この建築の持つ戦闘能力の高さに、ぼくら自身が気付いた時代だったともいえます。

　文学、絵画、彫刻など、人間のメッセージを伝える表現手段はいろいろありますが、建築というものは、その中で一番、暴力的であり、かつ効率的なメディアなのです。ですから建築家とは、競走馬であると同時に、その暴力性を以《もっ》て、世界の奥地に踏み入ることをモノともしない、タフで好戦的な格闘家になり得ます。

　世界が動いているときは、この向こう見ずな格闘家を利用してやろうという人々が現れてきます。この「賢い人々」をぼくらは「クライアント」と呼んでいるわけです。クライアントにそそのかされれば、ナイーブな格闘家は、ミャンマーにでもバングラデシュにでも、どこにでも飛び込んでいってしまうのです。

新たなクライアントの台頭

21世紀以降、クライアントとして台頭がめざましいのは何といっても中国です。ぼくが中国で初めて手がけた建築は、北京郊外の万里の長城のすぐ脇《わき》に計画された「竹の家」(2002年)(29頁《ページ》写真)でした。「竹の家」は、アジアの先端的な建築家を招いて新世代の共同体(コミューン)を作る、というプロジェクトのために設計したものです。この竹の家は、ぼく自身が世界の建築レースに引っ張り出される大きなきっかけになりました。このプロジェクトを皮切りに、後はもう、毎週レースに参戦させられているといっていい状況です。

竹の家は1990年代の最後に声がかかって、2000年から設計を始めたのですが、その時点では、中国のことはまったく知りませんでした。何が起こっているのか、何が始まろうとしているのか、まったくわからなかったし、中国における建築設計のビジネスプロセスも、まったく見えていませんでした。

そのころは直感的に、「中国にはつまらないプロジェクトしかないいな」という思い

「竹の家」(中国・北京郊外・2002年。中国で初めて手がけた建築)

があり、気持ちが引いてしまうところがありました。アメリカの超高層ビルの二流のコピーが、ただやみくもに建てられて、文化や洗練とは対極にあるように見えたのです。正直にいって、そのときは中国の仕事をする気は、ありませんでした。

どうして引き受けることになったかというと、プロジェクトのプロデューサーに、中国人建築家の張永和《チャン・ユンホ》がいたからです。彼の父親は中国共産党ご用達の大建築家で、天安門広場に面した巨大建築の設計者です。しかし、本人はアメリカで勉強して、現在の中国の体制を、結構批判的に眺めている。そういう屈折した面白い人間で、その屈折ぶりがぼくは好きだった。その彼が、「このプロジェクトは、北京なんかのキンキラキンの超高層ビルとは全然違うものを目指していて、アジアの価値を世界に発信するものだ」といってきたのです。その後に、「文化的プロジェクトだから、設計料は安くて申し訳ないけれども」という言葉も付いていたんですけど（笑）。そのとき、ぼくは46歳でした。

張の言葉通り、全設計料は交通費、滞在費込みで百万円でした。設計監理は長期間の仕事になるのに、一回中国にチームで出張したら使い切ってしまう金額です。「こんな設計料だったら、誰にも遠慮せずに、もう、自分が本当にやりたいことだけやってやろう」と開き直って、クライアントの存在も頭から消して、真摯《しんし》な気持ちで裸になって取り組みました。

プロジェクトの実際のクライアントは、北京で「ソーホー・チャイナ」というデベロッパー企業を経営する、パン・シィさんと、チャン・シンさんという、当時40歳になったか、ならないかぐらいの若い夫妻でした。今でこそ中国を代表する実業家になりましたが、そのころは、時代を代表するようなスター性はあったけれども、まだ駆け出しの、海のものとも、山のものともつかない人たちです。

だからというわけではありませんが、別に彼らがどう思うか気にする必要もなく、中国はこうあってほしい、こういう国になってほしいと、ぼくが抱く思いを建築に託しました。できあがったら予想外に「中国的だ」などと評価されましたが、竹という、すぐに腐ってしまう材料を使って、虫かごみたいな軽い建築を提案したわけですから、図面を描きながら、「通らないだろうな、ウケないだろうな」と思っていました。つまり、破れかぶれだったんです（笑）。

竹という素材は、日本だったら〝訴訟覚悟〟で使うしかない素材です。「オマエのせいで腐ったから、オマエの金で全部付け替えろ」といわれる可能性もある材料ですから、本当はちょっと怖い。でも、「竹を素材に使います」と先方に提案したら、夫妻のカミさんの方で、デザインが大好きなチャン・シンさんも「竹は面白いじゃない!?」と予想外に乗ってくれた。竹が面白いといった彼女の背後には、竹は材料として安いという計算もあっただろうと推測しますが（笑）。

その竹の家を、映画監督のチャン・イーモウが気に入って、２００８年に北京オリンピックのＣＭの冒頭に使いました。そのエピソードに代表されるように、中国の文化人たちは、中国文化の大切なエッセンスを使った現代的建築として、ぼくの竹の家を評価したらしい。そのことが後に、中国での仕事に大きく寄与してきます。

竹の家は、地域の素材を使った、環境に配慮した建築の代名詞にもなり、そこに込めたぼくの建築哲学がクライアントたちに浸透していきました。中国のデベロッパーたちは、政府から開発許可を獲得するために戦いをしています。その戦いを勝ち抜くための武器として「隈研吾」は使える、と思うようになった人たちが出てきたのです。

中国四千年の利益誘導

中国では、２０００年を超えたあたりから、世界の著名な建築家が活躍を始めます。レム・コールハースの「中国中央電視台本部ビル」（２００８年・北京）や、ヘルツォーク＆ド・ムーロンの「北京国家体育場（北京オリンピック・メインスタジアム）」（２００８年）が代表例ですね。中国人はある意味で、とても謙虚な人たちだと思います。誰をどう使えばいいのか、一番わかっている人たちなのです。

２０００年以降、開発について中国政府が許可を出すときの条件は、以前より格段とシビアになりました。簡単にいえば、都市開発においても、美観を求めるようになったということです。といっても、政府の規制強化の背景にあるのは、情緒的なものではありません。景観デザインを厳しくチェックすることは、政府によるバブルの延命策そのものなのです。

中国では05年あたりから製造業では利益が上がらなくなり、それに頼っていては経済成長を維持できないことが見えてきました。では何が一番儲《もう》かるのかといえば、それはデベロッパーが大規模な開発をして、不動産価格を上昇させることです。ただし不動産価格があまりにも急激に上昇してバブルになると、民衆の不満がたまって政情自体が不安定になる。中国政府はバブルを破裂させるわけにはいかないし、かといって野放しにするわけにもいかない。そこで、不動産業界に一定の規制をかけて、バブルをスローダウンさせながら維持する、という微妙なコントロールが必要になるのです。今の中国政府の最大課題は、バブルを柔らかくコントロールする方法だといっても過言ではありません。

そこで感心するのは、そのコントロールのやり方なんです。彼らはこれからの自国の都市開発が、規模と同時に質を満足させるものでなければ、長期的に成り立たないと気付いた。同時に、その量から質へという転換のプロセスの中に、自分たちの利権も隠れていると気付いたのです。さすがに官僚国家を何千年もやっているだけに、中国の役人たちは、自分たちへの利益誘導が巧みです。利益誘導といっても、彼らは露骨でわかりやすい方法は取りません。今、世界が何を必要としているか、そのニーズを敏感にとらえ、的をちゃんと絞り込むのです。その敏感さは日本の役人の比ではありません。

中国こそ「文化」と「環境」の国家?

彼らが今、都市開発で主眼としているキーワードが何かわかりますか。それは「環境」と「文化・歴史」なんです。中国政府の役人は、省エネルギーやCO_2削減問題といった、世界がテーマにしている問題に敏感であることが、結局は利権獲得の最短の道筋だと理解していて、都市開発でも、この二大テーマに沿った開発にしか許可を下ろさない。

巷間《こうかん》伝えられているイメージとは大分違うと思いますが、日本のメディアが中国のことを「環境破壊的な国家だ」とか「再開発で歴史的な街並を壊している」というように報じるのは、まったくお門違いです。実際、彼らは、今や日本やヨーロッパ以上に、環境と文化・歴史に対して機敏に反応しています。

ぼくの現場に引き付けてみましょう。たとえば中国では工事の途中に「窓を小さくしろ」という変更命令がいきなり来ます。窓が大きいとエネルギー効率が悪いからということで、窓の大きさを厳しく制限する規制を、中国は年ごとに厳しく更新しているんです。

その朝令暮改が工事の途中にまで及びます。日本だったら、というよりも、すべての法治国家では、お上が建築の確認申請を認めたものについて、工事の途中に「ここを直せ」といってくることは、ありません。しかし中国では、確認申請が認められている建築に関しても、工事の途中で平気で修正命令を出してきます。

そういう横槍《よこやり》は、「いかがなものか？」とは感じます。けれども中国では状況の正否云々《うんぬん》をいう以前に、そういった横槍にどう賢く冷静に対応するかが問われてしまう。理不尽な命令に対しても、冷静に応《こた》えられる人間だけが生き延びていけるのです。

歴史的建造物の保存でも同じことです。中国ウン千年の歴史のゆえか、中国の官僚は「大人」のロジックで社会をたくみに誘導します。都市に高層ビルが建たないような都市計画では、中国の経済成長を継続できません。高層ビルを建てながら、その中に文化的な歴史を保存する方策を必死で探します。やみくもに原理主義に走らず、理想と現実の間、理想と欲望の間を、うまくバランスさせようとする意思がある。それがつまりは大人のロジックです。

対照的に、日本の建築保存運動は、保存運動そのものの歴史がないから、都市の長期的オペレーションの手段としての保存という、「大人」の論理にはなかなか到達しない歯がゆさがあります。

やってらんないよ!

最近は日本でも、大規模再開発の場合、表向きはかなり「文化」を意識するようになっています。たとえば東京・表参道の同潤会アパートの跡地再開発だった「表参道ヒルズ」では、敷地内に同潤会アパートの一棟を残しました。残したといっても、実際は保存ではなく、壊してから再建したわけですから、あれを手がけた安藤忠雄さんは、中国的な「大人」といってもいいかもしれない。

しかし、ぼくがここで伝えたいのは、単に「大人になれ」ということではありません。「哲学のある大人になれ」といいたいのです。

中国と日本が決定的に違うのは、中国では「環境」と「文化・歴史」を論じる場合、全部が官僚との個別なネゴシエーション(交渉)になっていることです。ネゴシエーションをベースにするということには当初、ぼくも違和感がありました。なぜなら、ヨーロッパでもアメリカでも日本でも、客観的な法的基準に沿って、建築も何もかもが一律に判断されることが普通のやり方だからです。その意味で「一律」というのは、近代的な枠組みそのものです。

たとえば日本の歴史ある土地に残る文化財には、等級が付けられています。この認定を受けた文化財はこう保存しなさい、というような一律の基準があり、そこで我々が何か建築を作る場合は、その基準の中で作っていきます。だからこそ逆に、日本では「表面的なルールさえ守ればいい」という話にもなっていきます。

ところが中国には、そもそも客観的基準というものがない。それぞれのプロジェクトごとに政府に申請をして、それで担当の役人とネゴする。

ネゴをベースにすると、そのネゴから役人の利権が無限に生じます。そのネゴのプロセスを通過して初めて建築を実現する、というタフでハードボイルドな世界です。中国では、そのプロセス自体が中国何千年かの知恵の凝縮ということなのでしょう。そのネゴのための図面作りに、ぼくらが連日駆り出されて、「明日までにこう変えろ」とか、「○○を足せ」とか、無茶苦茶なことをいわれ続ける。中国は2000年代に経済成長を加速するわけですが、時を同じくして、ぼくの事務所では中国で「竹の家」のプロジェクトが始まり、その成長プロセスと並走することになりました。途中で何度も「やってらんないよ！」と、叫びながら走ったおかげで、中国のやり方というのがだんだんとわかるようになり、少しずつ賢く、強くなっていったのです。

利用される「隈研吾」ブランド

中国では実際の図面とは別に、交渉のための図面も作らねばなりません。理不尽といえばその通りなのですが、とにかく中国では、一つずつ段階を踏むことが必要なのです。しかも、そのような面倒な手続きを踏んでも、「ダメでした」と、最終的に突き返されて、プロジェクトが消滅することも多い。その面倒くささ、屈辱にめげず、ニコニコし続けていないと、あの国では通用しないんです。

ぼくがそんな大きな気持ちになれたのは、中国の役人やクライアントの中に、スケールの大きな人たちを発見できたからです。彼らは「六本木ヒルズ」や「東京ミッドタウン」など、2000年代の東京の大再開発の、長所も欠点も勉強し尽くしています。六本木ヒルズも、ミッドタウンも、敷地内には広い庭園が併設されていて、両者ともに「森美術館」「サントリー美術館」という文化施設があります。彼らはそれらをベンチマーク（基準値）とすることで、その先の都市像を真剣に考えていました。

北京の三里屯という、東京でいえば青山・表参道に相当する、おしゃれな最先端の場所に大きな開発のデザインを頼まれたときに、「文化施設を併設したものにしてくれ」と要求されたのですが、そのモデルは六本木ヒルズや東京ミッドタウンでした。

特にここ数年、中国政府は都市再開発の中で、美術館の併設を強く指導しているようで、ぼくの許《もと》には中国の民間デベロッパーから、「開発プロジェクトの中のミュージアムをやってくれないか」という依頼が山のように舞い込んできます。東京ミッドタウンの中の「サントリー美術館」（２００７年）と、南青山にある「根津美術館」（２００９年）という、東京の二つのベンチマークをぼくが設計したことが理由です。

だからといって、「中国人は、ぼくのデザインのファンなんだ」という甘い気持ちでいては、彼らと仕事はできません。中国のデベロッパーにとって大事なのは、「東京でこういう美術館を設計した人物がやります」というブランドだけで、ぼくという個人には何の思い入れも愛情もないところから、すべてが始まります。行政に提出する書面に、ぼくというブランドネームを書けば許可が下りやすいから、「隈研吾」を起用するだけです。そういう構図を認識した上で、自分ができることを分析する冷静さがなければダメなんです。

中国の「オーナー文化」、日本の「サラリーマン文化」

日本のクライアントと比べたときに一番違うのは、中国人クライアントはみな、基本的にオーナーであることです。日本のように「社員」ではない。日本の「サラリーマン文化」に対して、中国は「オーナー文化」「トップダウン文化」だということができるでしょうね。共産主義ではあっても、強烈なオーナー文化なんです。

一方で日本は、オーナーですらサラリーマン文化なんです。日本の企業は、オーナーという存在でいながらも、実際の決定事項はサラリーマン機構に依存しない限り、オーナーのポジションを存続できない。そこでオーナー風に振る舞ってしまったら、会社がおかしくなるか、自分が追い出されるか、どっちかです。

でも、本当に面白い建築、歴史に残る建築は、サラリーマンシステムからは生まれません。サラリーマン機構というのはリスク回避システムのことです。現代では建築の世界もどんどん訴訟社会化していて、いかに訴訟的な局面を回避するか、ということが仕事の主題と化している。訴訟回避こそがサラリーマン機構の目的となってしまっているんです。

一方、中国は、あらゆる民間企業が基本的にはオーナーカンパニーです。組織が大きくなってもそこは変わらず、すべての案件に対してオーナーが自分自身で決定することが企業文化の基本になっている。特に建築物を作るときはそうです。オーナーが自己主張をしたいからとか、権力を誇示したいから、ということではなく、彼らは建築物というものに強いキャラクターを与えることが、自分のビジネスの成功にとって不可欠だと考えている。では、建築に強度を与えるために必要なのは何かといえば、それはリスク回避ではなくて、いってみれば、一種の「やけくそ」です。

そもそも中国では、最初から必ずオーナーが登場して、まずオーナーと酒を酌《く》み交わすところからプロジェクトは始まります。そういう、かなりベタなところから始まるのはなぜか。彼らとまず信頼関係を確立してからでないと、プロジェクトが動き出さないからです。

ぼくたちは最初に酒を飲みながら、お互いの「人間」を見ます。中国でもっぱら飲むのは白酒《パイチュウ》という強い酒で、杯を何度も酌み交わして、かなり酔わなければいけないのですが、それは同時に、どこまで崩れないでいられるか、というテストを受けていることでもあります。酔わなければいけないけど、崩れてはダメだという、その微妙なバランスが一番大事で、一種、恋愛の駆け引きのようなことを仕掛けられるんですね。

酔うということは、自分を裸にして相手に見せて、確認してもらうことです。互いに、相手はちゃんと裸になっているか、裸になっても節操のある人間か、というところをテストされている。だから、酒を飲む局面というものも、中国においてはレースの内なんです。一番体力を使う部分かもしれません。

礼を尽くした「恋愛」

それは日本の飲酒文化とは全然別のものですね。日本の飲酒文化は、どちらかというと、打ち上げ的な要素が強いでしょう。いろんなことが終わった後に、お酒という報酬が与えられて、その席でみんなで一つになって喜び合いましょうよ、という意味合いが強い。中国は飲酒が打ち上げではなく、ゲートなんです。その面接試験をうまくパスしない限りは、先に進むことができない。たとえNGになった場合でも、中国人は老練な社交文化を持っているから、相手に気付かれないように、上手に相手を切っていく。……やっぱり恋愛と似ていますね（笑）。

飲酒文化というと情実文化と混同されがちですが、彼らは基本的に私情よりも論理を大事にする人たちです。断るときも論理を大事にしていて、「あなたの作品は嫌いです」というようなヤボなセリフはいわない。「このプロジェクトは、こういう局面にあるから、今は参加してもらえるタイミングではない」と、こちらにも納得できる理由で、礼を尽くした断り方をする。孔子いうところの「礼」とは、そういうことなんでしょう。

中国文化というのは、そういう手順がしっかりと確立された世界なんだと思います。ですから、中国流の手順が見えないと、イライラするでしょうね。

その手順の肝は何かというと、「相手に対して自分がどれだけ利益を与えられているか」に尽きます。

中国人とのビジネスでは、相手のメリットを真剣に考えている、ということをはっきり見せないと、前に進めません。こちら側の能力が、相手に何を与えられるかをプレゼンテーションする場が、酒の席なんです。一緒に酒を飲んで仲良くなったから仕事を回してくれるだろう、という甘い考えや、仲間になれば何とかなる、という日本流の考えは通用しません。相手の価値の中に、自分の価値をきちんと位置付けて、相手のメリットを約束できないと、切られても仕方ないんです。

やっぱりフランスは手だれ

中国とともに、プロジェクトが多いのはフランスですね。中国とフランスは似ているところがあります。他の文化に対する許容度が広くて、リスペクトが強いところ。

「21世紀の建築家は、国際コンペというレースに出走を余儀なくされる競走馬だ」とぼくはいいましたが、出走馬に対して一番手厚いのがフランスのレースです。ワインやシャンパンを飲ませてくれるという文化でもありますが、まずフランスでは〝出走料金〟が付くんですよ。文化というものの「価値」がわかっている、といういい方もできますが、正確にいえば、文化というものの「利用価値」をわかっているということです。

日本では、フランスもイタリアもイギリスも同じ「ヨーロッパ」でくくりがちですが、フランスとイタリアとイギリスとでは、コンペのやり方はまったく違います。EUでは、建築のクオリティを確保するために、「ある規模以上の建築物はコンペにしなさい」という基準ルールを設定して、コンペを経ないで、公共建築を勝手に誰かに発注することはできないようになっています。でも、コンペに対する報酬体系は各国でまったく違っていて、中でもフランスが断トツで高いのです。

とはいえ、ヨーロッパは2011年の通貨危機以降、建築も調子がよくありません。具体的にいえば、イタリアの仕事は、ほとんど止まってしまいました。イタリアでは、ナポリの南のカバ・ド・テラーニという場所で、街の真ん中に広場と商業施設との複合建築を設計していたのですが、現在はペンディングです。ミラノの北方にある、水で有名なサンペレグリノでのスパのプロジェクトや、ロベレートという街での、19世紀の大きなたばこ工場をIT産業のビジネスパークにする再開発プロジェクトも、止まっています。イタリア人はめげないで、いずれ再スタートするといっていますが、どれもスローダウンはまぬかれません。

ただ、日本のように、建築プロジェクトが始まったら、止まらずにすごいスピードで動き続ける、という国の方が、世界的に見ると少数派なんです。ヨーロッパのプロジェクトは、止まっても、また再開したりと、ジグザグしながら進んでいくことが普通です。経済危機という短期的な徴候とはあまり関係のない時間の流れ方が、そもそもの基準になっています。

通貨危機とは別に、イタリアでは、ぼくらはほとんどコンペに勝てなかったという、個人的な危機がありました。コンペに勝ったほかの案を見ても、どこがすぐれているのかよくわからない。何か裏の力が働いているように感じられましたね。前首相のベルルスコーニだって、マフィアの世界との関係が取りざたされていたでしょう。

ドイツにおいてもぼくらの勝率は高くありません。ドイツでは、自由で独創的な発想をした設計ではなく、必要な機能をきっちりと満たすために、四角いハコのような設計が選ばれる率が、圧倒的に高い。第二次大戦前のドイツ建築には元気があって、ミース・ファン・デル・ローエ、ヴァルター・グロピウス、ブルーノ・タウト（いずれもモダニズム建築の巨匠）といった多士済々《たしせいせい》の顔ぶれが並んでいましたが、戦争の精神的ダメージが今でも続いているのかもしれません。「反省」の空気がいまだにドイツ中を支配していて、何か大きなものを立ち上げるぞ、といったポジティブな気分には、なれないでいる感じがします。それほどに第二次大戦後のドイツ建築は低調です。いろいろ経験してみると、フランス、イギリス、スペインのコンペが一番開かれていて、前向きで、しかも裏がない感じがします。コンペに落ちるにしろ、通るにしろ、ヨーロッパの仕組みは、競走馬としてレースに集中できるという意味で幸せです。何しろ中国ではレースの前に酒を飲まなければいけませんから、体力的にきついですよ（笑）。

ユダヤ人は、メディアと建築の支配者

一口にアメリカ人といっても、アメリカは多民族国家で、たとえばアングロサクソン人もいるし、ユダヤ人もいる。クライアントの文化的背景が違うので一概に、その特徴をいうのは難しいところがあります。ただ、アメリカの都市開発は基本的に金融

資本の主導で、その金融資本主義を動かしているのが主にユダヤ系の人たちなので、アメリカの建築界はユダヤ人が掌握しているといっていいでしょう。ぼくが仕事で接するのも、ユダヤ系の人たちが多いですね。

ユダヤ人は、聴覚文化より視覚文化に強いと、よくいわれます。そもそも音のほとんどない砂漠的な場所で生活していた人たちですから、画家や彫刻家は多いけれども、音楽家が少ない、などという俗説がありました。その俗説は、「だからユダヤ人は建築が好きなんだ」と続きます。真偽は別にして、ユダヤ人はメディアの持つ力に非常に敏感で、建築もメディアとしてとらえている感じはします。

ユダヤ系の人にとっては、経済もまたメディアの一つであるし、実際のテレビや新聞、ネットなどのメディアを通じて、彼らは経済を大きく動かしています。

ニューヨークはまさしく、その象徴的な都市だといえます。ニューヨークでは金融界と同時に、メディア界もユダヤ人が押さえている。経済の動きというのは、実際には、人の気分がどう動くかなんです。一斉に気分がイケイケになったら好況で、一斉に引いてくると不況。メディアの力でどっちにも転んでしまうのが、経済というきわめて人間くさい活動の正体です。そのときに建築は、テレビよりもネットよりも有効に人間の気持ちを操作するメディアだということを、ユダヤ人はよく理解しているんでしょうね。何らかのメッセージを載せて、それを世界に配信させる容器として建築は非常に有効だ、と彼らはわかっていて、世界中の建築プロジェクトをリードしています。

ユダヤ人は、もともと国を追われて世界を漂流した人たちで、国境というものが意味を持たず、国境を越えた交易にすがるしかなかった歴史を持っています。彼らにとっては、建築もまた交易のための重要な、売買しがいのある、利益率の高い商品なんです。彼らはその歴史の中で、「単に使いやすくて快適な家」などでは商品価値は高くならず、交易に利益をもたらさない、と発見した。そこで、建築を含めたあらゆる芸術を、「交易市場」という基準で再定義してみた。

ユダヤ人的なそのような方法論は20世紀に一般的になり、さらにネットの力を借りて過激に進化していきます。21世紀の今は、もはやユダヤ人だけでなくて、世界中がこの方向——「グローバリゼーション」や「市場化」とでもいうもの——に向かっています。その中で、わざわざユダヤ人を持ち出す必要もなくなっているといえますね。

国土の欠落、場所の欠落は、日本にいては、なかなか持てない感覚です。日本人は場所を追われた経験が少ないし、追われた先で新たな場所を作った経験もないから、建築で場所の価値を高めようという気概が、いつの間にか失われてきています。21世紀における、日本人の遅れた部分といえるかもしれません。

ぼくたちが呼ばれる国際レースの仕掛け人は、ほとんどがユダヤ人といっても過言ではありません。ヨーロッパのプロジェクトであろうと、ロシアのプロジェクトであろうと、バックにある資本の源をたどると、だいたいがユダヤ人にたどり着きます。ユダヤ人と中国人を較《くら》べると、ユダヤ人の方が金融資本という国境のないものと日常的に付き合っているので、国境を越えて最適な建築家を起用しようという意識を強く持っています。少し前までは、どちらの人脈を選択するかで、事務所の先行きが決まってしまう、という漠とした不安も持っていたのですが、今では結局、全部がユダヤ人につながっているのかも、という気分です。

一方の中国人はまだ国境の中で生きている感じがします。とはいえ、中国という領域が実質的には国境を越えて、今や世界に拡大しているから、結果として中国人のビジネスの射程も国境を越えつつありますね。

ロシア人の本領は妄想にあり

21世紀の世界では、ユダヤ人とともにアラブ人という、もう一つの大きなクライアント勢力も出てきていますが、アラブ人とは、まだ仕事をしたことがありません。事務所にアラブ人が訪ねてくることはありますが、一方的にまくしたてる印象もあり、まだ理解しきれていないのです。

一方で、ロシア人とは最近は接点が多いですね。たとえば、ロンドンで最も高級な日本レストランの一つである「酒の花」の設計を担当したときは、プロデューサーが香港チャイニーズで、出資者がロシア人中心のチームでした。その仕事を通して発見したのが、ロシア人は一人で行動しない、ということ。彼らが現場に来るときは、中学校のスポーツチームが、おそろいのジャンパーを着て、わいわいとやって来る感じなんです。そういう中学生の部活っぽい仲良し感が、ロシア人の男性にはあるんですね。その仲良しを維持するために、ウォトカみたいな強い酒を飲むのかもしれません。

以前、ロシア人の富豪が、ぼくの事務所を訪ねてきたことがありました。その富豪は日本では東京の青山と伊豆半島に家があり、ほかにも北京など世界各地に二十軒ほど邸宅を持っていて、その数もどんどん増えている最中だとのことでした。きっと、今はもっと増えていることでしょう。でも、仕事でそもそも忙しいのに、自分の家を二十軒も三十軒も持ったって、使い切れるわけがないじゃないですか。

その、建築の夢を無限に追っている感じは、アメリカ人がディズニーランドというフィクションに懸ける情熱と匹敵するな、と思いました。ロシアの小説を読んでも、それはわかりますよね。何しろ『戦争と平和』だもの。壮大な夢ですよね。

ロシアの場合は、女性が登場する比率が少ないです。これが中国だと、女の人がどこにでも出てきて、よくしゃべるんです。中国での女性進出は、いたるところで感じます。実際、中国では女性のクライアントも多いんです。ぼくは彼女たちと話すことが面白くて、実は男性クライアントよりも、ずっと親しみを持っています。

というのも、中国の女の人は、夫とか企業とか、国家とか、そういうものに頼らず、個人で生きている感じの人が多いからです。デベロッパーの経営者になっていて、多額のお金を遣《や》り繰《く》りしているけど、メンタリティは食堂のおばちゃんのまま。彼女たちはいつも、「日本の女の人は、家に閉じ込められて本当にかわいそう」っていっています。どうなんでしょうか。

海賊版が出て、オメデトウ

インドには何回か呼ばれて行きましたが、まだプロジェクトが実るまでには至っていません。何が障壁になっているかというと、彼らの中でのプロジェクトの計算が、ぼくらのような建築家をあてはめて成り立つような方程式になっていないから。自分の頭の中で計算して、「この式に乗ってください」というのだけど、頭の中だけで回転をしているような感じで、建築デザインそのものにあまり敬意を表してくれませんから、一緒に動きづらいところがあります。

その点、中国人は建築に対する敬意があるから、平気でコピーもするんです。何しろ海賊版が出回ると、「おめでとう、これでキミも認められた」となる国です。「このデザインはカッコいいな、と思っているからコピーをする。だから、認められてよかったね」という理屈なんですよね。中国では、他者への敬意とは、その者を「利用価値が大きい」と思うことなんです（笑）。中国人はこちらのアイディアを取れるだけ取ろうとするから、アラブ人みたいに、一方的にまくしたてたりもしません。

インドの人は、話していてもあまり他者が見えていない感じで、「あのお、ぼくのこと、見えてますかあ？」って、目の前で手を振りたくなります。インドでは、どこにレース場があるのかもわからないし、仮にレース場にたどり着いたとしても、どっち向きに走ればいいのかわからない。クライアントが何をしたいのかも、そのルールも今のところ、見えていません。

ぼくって、田舎の人間なんだ

世界中のクライアントを概観しましたが、今後、最も注目すべきは韓国です。現在、ぼくの事務所でも、韓国のプロジェクトが増えているところです。まさしく韓国、恐るべしで、韓国はここ数年で、本当に変わってきています。

１９９７年の通貨危機で、国の経済自体が破綻《はたん》するかもしれないという状況に瀕《ひん》した後、韓国ではそれをバネにして、国際的な場でちゃんと勝負しないと生き残っていけない、という意識でまとまりました。サムスンに代表される製造業の躍進で自信も付けてきているし、ヒュンダイ・グループを初めとするゼネコンも、日本のゼネコンとは比較にならない国際競争力を付けて、ここのところ世界のプロジェクトで連戦連勝しています。韓国の建設会社は、対韓国感情があまりいいとはいえない中国でも、大量の仕事を受注しているんです。

昔の韓国では、デパートのビルが突然倒壊したり、橋がいきなり崩れたりして、施《せ》工《こう》技術のレベルが大きな問題になりましたが、今はそのあたりも急激に進歩しています。施工と設計のやり方に関しても、アメリカ流のコンストラクション・マネジメントを取り入れていて、昔ながらの請負業という体質から抜け出せない、日本のゼネコン型システムとは全然違います。彼らは現在のグローバル市場で仕事を獲得するには、どんなクオリティが必要かということに意識的で、自分たちの弱点も把握している。かつてはデザインも弱かったのですが、その辺も急激に学習してクオリティを上げてきています。そういった吸収力、学習能力に加えて、外に出ていく気持ちも、自分たちの民族の中で助け合う意識も強い。

韓国という国は、インターナショナルな場でしか生きていけないと観念しているところが、ユダヤ的な世界に近いかもしれません。騎馬民族がルーツということもあるし、砂漠的な風土もユダヤの原点と似ているのでしょうか。風土的に、グローバルなものを受け入れやすい土壌がもともとあるような気がします。

韓国は日本企業にとって真の脅威だと思います。このところ、特に彼らの持っているグローバリゼーションのＤＮＡが、経済危機を乗り越えた後に自信を得て、一挙に加速した印象があります。韓国のクライアントの自信と志の高さを前にすると、「ああ、ぼくって日本という田舎の人間なんだな」とさびしい気持ちになりますから。

いくらグローバル大競争の時代だといわれても、日本人の意識はまだまだ「自分のいる日本が最高だし、仲間が最高だ」というところにありますし、ほかならぬ、ぼくという人間のベースにも、その感覚は染み付いています。それだけ日本は、風土や歴史に恵まれているということなんです。ぼくたちはのどかな田舎の村で、こたつに入ってぬくぬくしているようなものですよ。韓国に出張に行くと、「あ、こたつから出ないとヤバいかも」という危機感を持ちます。

日本ではスカイツリーが話題になり、「やっぱり施工技術でいえば日本が世界一だよ」と自画自賛していますが、それはガラパゴス化の中での世界一。外に出て行かない世界一は、一種、伝統工芸みたいなものです。何しろ日本だけがテリトリーだから、世界一の施工レベルを持っているにもかかわらず、結局、中国にだって出ていけていない。一方で、韓国はどんどん出ていっている。多額の建築マネーが渦巻いている市場を、日本の建設会社は逃しているんです。中国だけでなく東南アジアに目を向けても、日本の建設会社の後手ぶりは、韓国と比較にならない。

21世紀に日本だけが取り残されている印象は、ぼくの中でますます強くなっています。

第2章　歌舞伎座《かぶきざ》という挑戦

栄誉よりも重い困難

今度は膝元《ひざもと》の日本に戻って、歌舞伎座をめぐるお話をしましょう。

2013年に完成した第五代の歌舞伎座は、舞台の間口が横27・5メートル、奥行き23・7メートルで、上の方から舞台を見下ろすと、まるで一つの町ほどのスケールを感じます。客席数も一階から三階、さらにその上の一幕見席まで1808席と、大阪や京都の歌舞伎の劇場や、ほかの一流劇場に較《くら》べても桁《けた》違いの広さ、大きさを持っています。演劇評論家の渡辺保さんは、その間口の大きさこそが東京という都市の規模に呼応すると書いていて、なるほどと思いました。その言葉通り、東京の歌舞伎座は特別な芝居小屋なのです。

そんな歌舞伎座の平成における建て替えに声をかけられたときは大変な栄誉だと思い、「ぼくでよければやらせていただきます」とお答えしましたが、同時に、ものすごく困難なミッションを依頼されて、正直「ヤバい」と思いました。まず、歌舞伎ファンの目が怖かったし、建築界にいる和風建築の大家の目も怖かった。

交流のある作家の林真理子さんが、「隈さんが勝手なことをやるんじゃないか」と心配している、などという噂《うわさ》も聞こえてきました。日本文化に関心がある人なら、次の歌舞伎座がどうなるかは、次の日本がどういう方向に行くかというぐらいに大切な話です。とにかく、ダメ出しされたら怖い方々ばかりだった（笑）。

新しい建物は褒められない法則

しかし、それよりも、もっと怖かったのは、建築設計界の目、いわゆる仲間内の目です。

歌舞伎座は、モダニズム建築にしてはいけないと、ぼくは直感的に感じていました。後で詳しく説明しますが、モダニズム建築というのは、20世紀の工業化社会が生み出した建築スタイルで、簡単にいえば、艶《つや》っぽくないのです。瓦《かわら》屋根のような「前近代的」なデザインを、モダニズム建築では厳しく禁じていました。何しろ、「装飾は罪悪だ」という文言が、モダニズム建築のモットーであったほどです。20世紀の都市建築とは、このモダニズム建築が支配する世界のことでした。

モダニズム建築では、瓦屋根が載っただけで掟《おきて》破りです。ましてや歌舞伎座のシンボルである、そり返った唐破風《からはふ》の屋根などを使ったら、どんな制裁が待ち受けているやら、わかりません（笑）。

さらに、街になじんだ建築の建て替えというもう一つの困難も、そこにはありました。歴史のある文化施設のリニューアルでいえば、東京・南青山の「根津美術館」を手がけていましたが、そのときに大変な緊張感で取り組んだことを思い出しました。昔の建物に馴染《なじ》んだ人は新しい建築を絶対に褒めない、という法則があります。みんな「昔はよかった」なんです。なぜなら、「今の根津美も悪くないけど、昔のと比べるとね」とのたまって、自分の経験の深さ、厚さを、若造に見せつけることができるからです。人間、年を取ると、そういうことぐらいしか、エバれるネタがなくなってくるんでしょうか。

その人間界の法則を十分に知りながら、新しい建築に挑まなければならない。勇気が要りますし、打たれ強くなければ、やっていけない。目の前の批判や評価にさらされても、びくともしない、長い射程のある歴史観、歴史哲学を自分の中に持っていなければならない。ましてや歌舞伎座という、日本人みんなのものともいえる建築の建て替えといったら、そのプレッシャーは何倍にもなります。

艶っぽい歌舞伎座

ぼくを奮い立たせてくれたのは、歌舞伎座の設計に関わった歴代の建築家でした。その前にここで、歌舞伎座の成り立ちを、一度さらってみたいと思います。東京の歌舞伎座の建築は、ぼくが手がけたもので実に五代を数えるものなのです。

東京の歌舞伎座の生みの親は、明治時代にジャーナリスト、作家として活躍した福地源一郎（桜痴《おうち》）です。岩倉使節団の一員としてヨーロッパ各国を歴訪した福地は、福沢諭吉と並ぶ西欧通といわれ、その渡欧経験から、近代化を目指す日本の都市に決定的に欠けているものを発見していきます。福地が明治の東京に足りないと見つけたのは、都市が持つ享楽《きょうらく》性、祝祭性でした。それを復活するには日本のオペラ座たる歌舞伎座の建設が必要だ、と彼が直感し、すばやく実行したことにはおそれいるばかりです。明治22年（1889年）、福地は金融業者の千葉勝五郎とともに、銀座木挽《こびき》町に

「歌舞伎座」を立ち上げます。

初代の歌舞伎座の建物（62頁《ページ》上写真）は、ヨーロッパ都市の「華」であるオペラ劇場に対抗できるような建物を、低層の木造建築が立ち並ぶ東京の街並みの中で作ろうと意気込んだ洋館でしたが、東京の祝祭空間というには、いささか寂しいものでした。明治44年（1911年）に建て直された二代目の歌舞伎座（62頁下写真）は、同年に日比谷にオープンした洋式大劇場の帝国劇場を意識して、思い切って日本の伝統建築へと舵《かじ》を切りましたが、その外観は奈良時代調の硬い和風で、祝祭空間としてまだ弱いものがありました。

第二代の歌舞伎座はその後、漏電事故で焼失し、再建中に関東大震災にも遭遇します。

その困難をおして、大正14年（1925年）に、岡田信一郎の設計で第三代が完成します（63頁上写真）。少し先をお話しすると、岡田さんの次となる第四代の設計を担当したのは吉田五十八《いそや》さんです。二人とも東京藝術大学で教鞭《きょうべん》を執った大家で、岡田さんは吉田さんの先生格に当たる建築家です。この二人が日本の建築史で果たした役割は、通常考えられている以上に大きかったと、ぼくは思っています。ですので、これ以降は先生と敬称をつけてお話しします。

岡田作品に戻りましょう。

岡田先生が手がけた第三代の歌舞伎座は、城郭《じょうかく》と社寺風建築を基調にした鉄筋コンクリート造りで、天井には瓦を葺《ふ》いた大屋根を載せました。二つの切妻の大屋根の中心には、第三の大屋根を高々とそびえ立たせて、恥ずかしいくらいに派手です。さらに正面の入り口の上には、艶っぽい唐破風の屋根があります。岡田先生は、都市というものは何か、都市とそこに生きる人間には何が必要かが、よくわかっている人でした。

それこそ、パリのオペラ座（1875年）を思い浮かべてもらえばわかりやすいと思います。あの建物は、とっても艶っぽいでしょう。パリの街を歩いていて、「アヴェニュー・ド・ロペラ」という大通りに行き当たると、正面に金色の大屋根が現われます。あの眺めは、通りの向こうから突如、ブロンドのグラマラスな貴婦人が、胸を大きく開けたシルクの衣装で登場したような佇《たたず》まいで、はっとしてしまいます。都市というのは、艶やかな場所――正確にいえば「艶やかなものも必要な場所」なのです。

とりわけ、第三代歌舞伎座は、正面入り口に唐破風と呼ばれる、カーブのついた特殊な形の屋根を持ってきたことで、話題になりました。岡田信一郎の手が入ったことで、歌舞伎座は初めて、福地が意図した通りの祝祭空間を、東京の真ん中に立ち上げ

「第一期歌舞伎座」(明治22年、福地源一郎立ち上げ。銀座木挽町の現在地へ。洋風の外観を持ち、客席定員1824人、間口23・63メートルの舞台を持つ大劇場だったが、老朽化により建て替え)

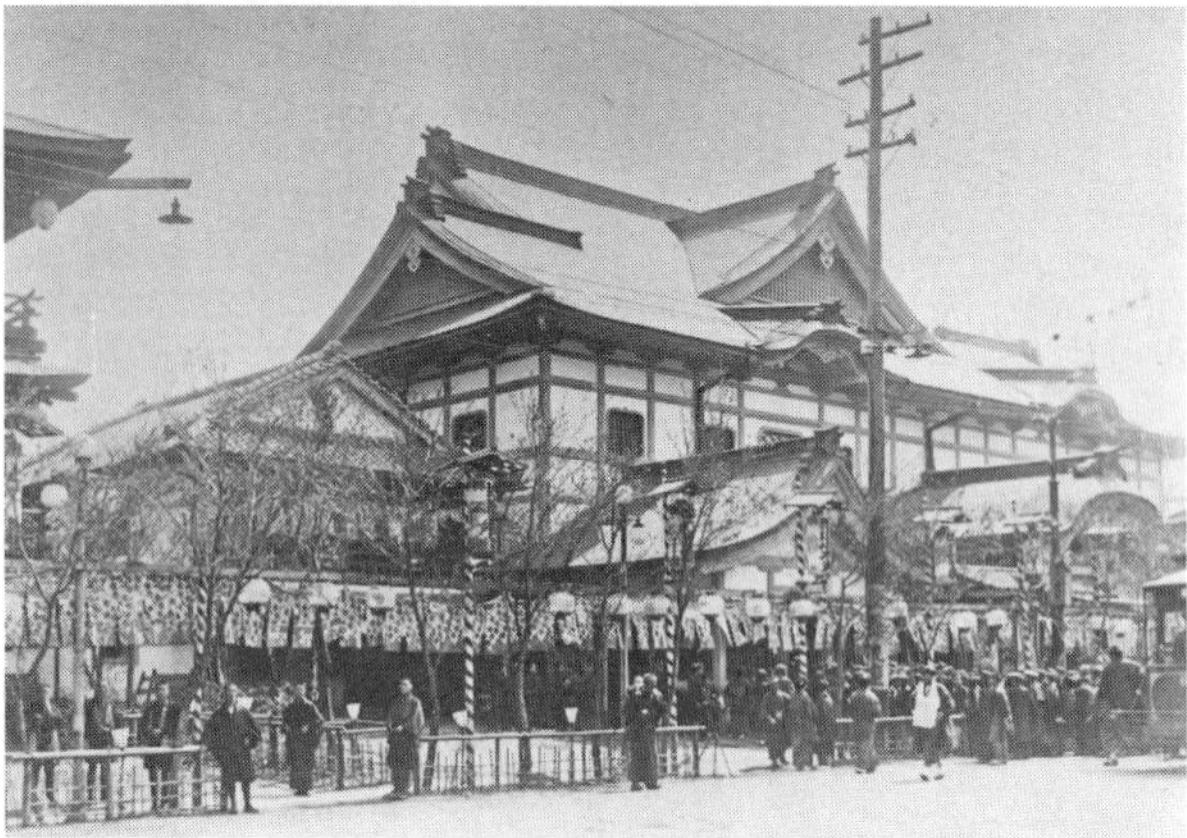

「第二期歌舞伎座」(明治44年、第一期の土台、骨組を残し、純日本式宮殿風に大改築。洋風の帝国劇場を意識している。大正10年に漏電により焼失、再建中に関東大震災が発生する)

「第三期歌舞伎座」(大正14年、岡田信一郎設計。城郭と社寺風建築を基調とした鉄筋コンクリート造り。真ん中の大屋根は約30メートルもの高さだ。空襲で外郭を残して焼失)

「第四期歌舞伎座」(昭和25年、吉田五十八設計。モダニズムの抽象性と和風建築を組み合わせつつ、近代的な設備を取り入れた。客席数1859。舞台間口約27・6、廻り舞台の直径約18メートル、大小合計 4ヵ所のセリを持つ。平成14年「登録有形文化財」に登録)

ることに成功したのです。

ヨーロッパ流の古典主義建築様式をベースにした作風で知られる岡田先生の代表作は、丸の内の「明治生命館」（１９３４年）です。日本にも古典主義の名建築はありますが、岡田作品はプロポーションや、素材選びのセンスが他の人とはまるで違う。要するに、建築がエッチなんです。官能的なんです。

奥さんが、赤坂一の芸妓《げいぎ》と謳《うた》われた萬龍《まんりゅう》さんだったことも関係があるでしょう。彼女を描いた肖像画が歌舞伎座に残っていますが、歌舞伎座のロビーに掛かっていても、役者さん顔負けの美人です。そういう女性と添い遂げたというだけで、岡田信一郎はすごいと思います。その艶っぽさが、彼の設計した第三代歌舞伎座には出ているのです。

今回、岡田先生の唐破風をリサーチする中で、ぼくはびっくりする発見をしました。屋根の一部が逆勾配《ぎゃくこうばい》になっていて、瓦から水が漏れかねない曲面を作っていたのです。鎌倉時代に禅宗寺院の様式として広まった本来の唐破風では、逆勾配などという雨が漏るディテールは絶対に採用しません。ただでさえ艶っぽい唐破風を、さらに官能的なものにするために、岡田先生はこんなアクロバティックなことまでやっていたのです。

モダニズムと数寄屋《すきや》の融合

しかし、岡田先生による第三代歌舞伎座は、第二次大戦中、米軍の爆撃で、晴海通りのファサード（顔）を一部残しただけで、ほとんどが破壊されてしまいます。その残された歌舞伎座の顔を大事にしながら、第四代となる「昭和の歌舞伎座」（63頁下写真）を設計したのが吉田五十八です。

吉田先生は、モダニズム建築と日本の数寄屋建築を融合させた建築家で、神奈川県二宮町にあるご自宅や、熱海の崖《がけ》の上に建つ「岩波別邸」などの代表作を、ぼくもたくさん見せていただきました。

吉田作品に、ぼくはなぜか昔から、とても興味がありました。吉田先生の建築には、写真では伝わらない深さがあり、実物を見ないと、その本質はわかりません。特に、解像度の低い当時の写真では、よさが絶対に伝わってきません。

実物を見る。しかも畳の上に座って見る。そのような低く、近い視点から見ると、ゴチャゴチャしたものが取り去られ、単純化、整理された空間がそこにあることがわかります。吉田先生がこの「空間の抽象化」にかけた、鬼のような執念をひしと感じることができるのです。

20世紀を支配したモダニズム建築は、この「抽象化」という決めワザで勝負してきた建築スタイルでした。「装飾は罪悪だ」というモットーのほかに、「レス・イズ・モア(less is more)――より少ないことが、より多い」というキャッチフレーズもありました。この抽象化という手法こそ、工業化社会に適した建築の差別化の方法だったのです。

モダニズム建築のリーダーであった建築家、ル・コルビュジエの代表作である「サヴォア邸」を見ると、抽象化とは何かが一発でわかります。19世紀以前の、バロックやらロココやらの、ゴチャゴチャした装飾だらけの建築と比較すると、室内も外も真っ白く、つるっとしたサヴォア邸が、いかに新しく感じられたことか。吉田先生は、この抽象化というモダニズムの決めワザと、和風建築とを組み合わせた天才でした。

第四代の歌舞伎座では、正面の唐破風は残しましたが、ほかは「昭和風」のアレンジがなされました。真ん中に突出していた大屋根は破壊されたままで、再建されませんでした。戦後でお金がなかったのかもしれませんが、「ない方が昭和らしい」「工業化社会にふさわしい」という吉田先生の判断もあったと思います。

同時に、建物の内部もだいぶさっぱりとしました。格《ごう》天井にシャンデリアという岡田流の艶っぽい天井に代わって、吹寄竿縁《ふきよせさおぶち》天井に蛍光灯の間接照明という、工業化社会としっくりくる吉田流、すなわち昭和流の天井が登場したのです。

当時の日本はお金がなくて貧しかった、ということは事実でしょうが、お金のなさを自分の中の建築美学の根拠にしてしまう、ある種のずる賢いともいえる計算が吉田先生のデザインにはありました。

その岡田信一郎、吉田五十八の次に自分が歌舞伎座を担当できるなんて、夢みたいな話でした。その夢は、偉大なる先達に、いたらない自分が責めたてられ、もみくちゃにされる悪夢と紙一重です。

吉田先生が見事に体現した戦後日本をどう乗り越えるかは、ぼくにとって大きな課題でした。20世紀の工業化社会が終わり、それと一体であったモダニズムの時代も終わってしまったその後の時代に、都市の祝祭空間として、どんな建築がふさわしいか、その答えを出すことが、ぼくに突きつけられました。そこに岡田先生の大きな影がかぶさり、そんな殺風景なものでいいのか、艶がなくていいのかと、ぼくを挑発してきます。

岡田先生は関東大震災、吉田先生は第二次世界大戦という、日本の歴史における二つの大きな危機に対する答えとして、それぞれの歌舞伎座を設計しました。ぼくはまさしく「3・11」(東日本大震災)の最中に歌舞伎座を設計しましたが、歌舞伎座という建物は、日本が危機に瀕《ひん》するたびに、その苦境から立ち上がるように再建される運命なのかもしれない。そんな魔性が宿る建築なのかもしれないと、少し怖くなりました。

にもかかわらず、奮い立つことができたのは、やはり二人の先生のおかげです。たかが一つの建築といえばそれまでですが、一つの建築を通じて東京の歴史につながることができるなどという幸せは、建築家人生の中でも、めったに出くわせないでしょう。それが歌舞伎座プロジェクトの第一幕です。

唐破風をめぐる攻防

その後に、破風屋根をめぐる攻防の第二幕が来ます。

昭和25年(1950年)竣工《しゅんこう》の、吉田先生による第四代は、構造的には脆弱《ぜいじゃく》でした。今の時代に大地震がきたらひとたまりもなく、構造補強もとうてい不可能なことが、近年、はっきりとわかったのです。

そこで、歌舞伎座独特の大屋根を再現しながら、超高層ビルを併設して、経済的に採算のとれるプロジェクト・スキームが立ち上ります。「平成」という、低成長時代にふさわしい計画です。

それでも東京の人々が、いえ、日本の、世界の人々が「あれこそ歌舞伎座だ」と思い描く祝祭性は、ぜひ継承するべきだという確信が自分の中にはありました。

これまでお話しした通り、歌舞伎座らしい唐破風のついた大屋根を載せたのは、大正時代に第三代歌舞伎座を設計した岡田信一郎です。そこには、工業化社会以前、モダニズム建築以前の、バロック的とも名付けていい官能性がありました。第二次大戦で一部を残して燃えてしまった後に、吉田五十八が手がけた第四代は、昭和の工業化社会、モダニズム時代に合わせて、多少さっぱりさせた部分はありましたが、岡田信一郎のデザインの核心部分は継承されました。

しかし、東京の中で残ったそのバロック性に対して異論もありました。20世紀的モダニズムの信奉者たちからすると、建物の装飾は時代遅れに見えるようです。「四角いハコの中に、歌舞伎座の建物全部を入れた方がいいんじゃないか」という意見が、外部からぼくたちに寄せられました。その感覚と、ぼくら設計チームが目指していたものとは、大きな隔たりがあり、そこから数ヶ月、異なる見解との調整で、事態が膠《こう》着《ちゃく》する日々が続きました。その期間は精神的にきつかったですね。

ぼく自身は歌舞伎座の建物について、都市の中にある「異物性」のようなものが命だと思っていましたから、ハコには絶対に入れたくありませんでした。その「異物性」こそが、まさしく岡田先生の意図したバロックなのだと、ぼくは理解しています。これが、都市にあまたあるハコの一つに収められてしまったら、歌舞伎という伝統芸能と、歌舞伎座というものが東京で放つ特殊性が失われてしまいます。その思いは、歌舞伎役者も、松竹の担当者たちも同じでした。

東京にバロックを

少し横道に逸《そ》れますが、東京でバロックと呼んでいい建物は、歌舞伎座以外には、辰野《たつの》金吾《きんご》設計による「東京駅」（1914年）と、丹下健三設計による「代々木体育館」（正式名称は国立代々木屋内総合競技場・1964年）の二つだとぼくは考えています。

辰野金吾は、東京大学工学部建築学科の前身である工部大学校の日本人最初の教授で、「日本銀行本店」（1896年）の設計者でもあるし、明治という時代そのものを設計したような大建築家なのですが、それでも日銀本店を見ると、富国強兵の国策ム

「第五期歌舞伎座完成予想図」（平成25年、隈研吾建築都市設計事務所・株式会社三菱地所設計との共同設計、清水建設施工。江戸時代から歌舞伎が連ねてきた時間の継承が大きなコンセプト。劇場とオフィスタワーを併設し、3000人程度の帰宅困難者が一時的に待機可能な施設でもある。劇場は晴海通り、ワンフロア500坪という広さのオフィスタワーは昭和通りに入り口がある。劇場部分は瓦屋根、唐破風、欄干などの特徴的な意匠をはじめ、第四期歌舞伎座を踏襲するが、一方の高層部分は日本建築の捻子連子格子（ねりこれんじごうし）をモチーフとし、ガラスで柔らかな陰影のある外装だ。劇場部分とオフィスビルの高低差を利用し、劇場屋上には日本庭園を備えるなど憩いの場も多い。劇場の客席数は1808。客席について前後間６センチ、横幅３センチほど広くし、トイレの増設やバリアフリーを進めるなど歌舞伎鑑賞は快適になり、舞台も最新の機構で醍醐味を加えている。また、地下鉄東銀座駅に直結させている）

ードを背負いながら、まだびくびくして取り組んでいる感があります。同じギリシャ・ローマ風の古典主義様式に基づいた建築同士で比較すると、岡田信一郎の「明治生命館」の方が堂々としているし、艶っぽい。

しかし辰野先生も、晩年の東京駅になると、さすがに恐《こわ》いものがなくなってきたのか、〝日本離れ〟した堂々たる大屋根を設計しています。１９４５年に東京大空襲でその大屋根が消失し、戦後は応急手当的な修復で20世紀を越えましたが、２０１２年にその大屋根が復元され、東京の新名所としてよみがえったことは、東京にバロックが呼び戻される新時代を予言しているのではないか、とも思えます。

もう一つ、ぼくが挙げた丹下健三の代々木体育館は、建築様式としてはモダニズムに分類されて、歌舞伎座とも東京駅とも別のスタイルに属します。しかし、あの壮大な吊《つ》り屋根のおかげで、高度成長に向かう昭和の東京はずいぶんと励まされたのではないかと思います。その意味で、代々木体育館をぼくはバロックと呼ぶのです。

丹下先生も辰野先生と同じく、東京大学の教授でしたが、代々木体育館の設計のプロセスは、まったく東大教授的ではありませんでした。

日本には明治以来、国の大事な建築は役所の中で設計するという、富国強兵・後進国家型の暗い伝統があって、今の国会議事堂もその伝統の中で設計されています。

代々木体育館も、当初は役所の中で役人が設計することで話が進んでいたのですが、丹下先生はその伝統に断乎《だんこ》として抵抗しました。

世界を見渡しても、国の大事な建築を役所の中で設計している例などは、北朝鮮以外にはないのです。建築を建築家の手に、という真っ当な筋を立てて、丹下先生はそれこそ死闘ともいえるような激しい闘いを役所と繰り広げ、最後に設計の仕事を手にしたのです。

だからこそ、そこには、「役人が設計する退屈な建築とは水準の違うものを作る」という、鬼気迫る意気込みが反映されました。実際、その前後の丹下先生の建築と比較しても、代々木体育館に出現した形態、空間のレベルは、段違いに高水準です。まさしく比類ない建築なのです。

「あなたはいつ建築家になることを決めたのですか？」という質問をよく受けます。答えは決まっていて、「１９６４年、小学校四年生のぼくが、代々木体育館の中に足を踏み入れたとき」です。あの美しい屋根の曲面をなめるようにして降り注ぐ光の様子は、今でもよく覚えています。小学生・中学生だったぼくは、あの光の下で泳ぎたくて、夏になると横浜から電車に乗って、わざわざ代々木体育館まで出かけていました。

すったもんだのおかげ

歌舞伎座をコンクリートのハコの一つにしようとする外部の圧力とは、戦い抜く気持ちでした。

そのために、あらゆる方法を検討してみました。建築家というものは、「ハコに入れた方がいいんじゃないか」といわれたら、それがどんなに自分の美意識と反することだとしても、精一杯、解決法を考えてしまう悲しい習性を持つ人種なんです。「ハコに入れる」という解決案は、まさか想像もしていませんでしたが、「世の中には、そういうことを考えている人もいるんだ」という、一種新鮮な驚きをぼくに与えてくれたことだけは確かです。

実際に、ハコ的な解決案の模型も十案ほど作りました。たとえば破風屋根を残しながらガラスのハコの中に入れる案とか、屋根を完全になくしてハコにする案とか。屋根の付け方にしても決して一通りではなく、屋根とハコとの折衷《せっちゅう》案のようなものも模型にしてみました。それをチームのみんなで見ながら、思いのたけをいい合いました。そして、最終的にぼくもチームも確認したのが、「この大屋根が決定的な意味を持っている」という真実でした。

結局、後世を意識してしまうんです。そこで妥協したら、後世に「歌舞伎座をハコにした建築家」という称号が待っている。

建物ができたときに、みんなからいわれる悪口については、ぼくはある程度までは割り切っています。第一、完成したときに絶賛される建築というものは、世の中にほとんどありません。新しい建物とは都市の中で異物である宿命を背負います。

古い歌舞伎座を見慣れている人は、老朽化した建物の危険ではなく、年月が経た薄暗さや汚れにこそ親近感を持っていますから、新しい材料で明るい照明がついただけで、「これは歌舞伎座じゃない」と拒否反応を示すでしょう。

歴史的な建築の創造過程に参加した人が、完成時によくいわれない例は、建築史を見渡せば山ほどあります。というより、ほとんどすべて、ぼろくそにいわれています。

たとえばパリのオペラ座がそうです。オペラ座は別名「ガルニエ宮」と呼ばれ、今になってみれば、世界中の人々が「あれがなければパリじゃない」というぐらい、パリを代表する建物です。しかし完成時には、「とんでもなくひどい建物だ」と、さんざん悪口をいわれ、建築家のシャルル・ガルニエは竣工式に呼ばれなかったくらいです。エッフェル塔が完成当時、悪評にさらされた話は有名ですが、あんなに隅々まで考え尽くされたように見えるオペラ座でさえ、批判の嵐を呼んだのです。

ニューヨークのワールドトレードセンター（WTC）もそうです。WTCは、ニューヨークの港湾局の局長だったオースティン・トービンが、ほとんど一人でプロデュースした建物ですが、彼は結局、竣工式に出席しませんでした。建築家として起用された日系人のミノル・ヤマサキも、黙殺に近い扱いを受けました。WTCが一番評価されたのは、残念ながら破壊されたときです。9・11のテロに遭って初めて、「ワールドトレードセンター、あれこそがニューヨークだったよなあ」とみんなが思ったわけです。

でも、それでいいんです。建築とはそういうものですし、都市だってそういうものです。なぜなら、都市を作っているのが、人間という生き物だからです。生き物は、どんなに長い目で物を見ようとしても、結局は自分の生きられる短い時間のことしか考えられない弱い存在です。その短い時間を基準にして、いいとか悪いとかを、つぶやく。それが自分自身を含めての、生き物の宿命です。

世界でも希有《けう》な歌舞伎ワールド

しかし、「歌舞伎」という一つのワールドは、その宿命からはずれた場所に存在し続けています。

2012年の歌舞伎界では、中村勘太郎の勘九郎襲名、市川亀治郎《かめじろう》の猿之助《えんのすけ》襲名、香川照之《てるゆき》の市川中車《ちゅうしゃ》襲名など大きな話題がありました。江戸時代以来の演劇が、現代社会の中でも様式を保ち、いまだに名跡襲名が国民的な話題になるという成り立ちは、世界を見渡してもありません。ヨーロッパのオペラでも、中国の京劇でも、家が芸を継いでいく慣習や、名人の名前が代々受け継がれていく慣習はあり得ない。一種の偶然性も入り込みながら、日本の中だけで生き延びた希有なワールドが歌舞伎です。五代にわたって興行主、役者、ファン、その前を通りすがる街の人々といった〝みんな〟の物語の中で存在し続けてきた歌舞伎座の建物は、そのワールドと切っても切れないものです。スクラップ&ビルドが激しい東京の中心部にあって、長い時間軸の中に存在する、これまた稀《まれ》な建物なのです。

続ける、つなげるということは、結局のところ「長い目で考える」ということです。今日、明日の悪口に関わっていては、建築という長寿の生き物を、生んだり育てたりすることはできません。もちろん悪口や批判は気になるし、悩みもします。けれども、長い時間のことを考えていれば、本当に大事なことが見えてきます。

歌舞伎座のプロジェクトでは、お上との齟齬《そご》があったおかげで、設計チームの結束が一気に強まりました。「唐破風の屋根をはずして、わかりやすいハコにしなさい」といった、思わぬ提案をお上からぶつけられたおかげで、自分たちが本当に何を実現したいかが見えてきた。要するにぼくらは、この東京の中ではまったく例外的な、特別な形態、特別な場所を継承したいのだ、ということがはっきりわかったのです。

すでに繰り返した通り、ぼくは祝祭空間としての歌舞伎座を再生させたかったのです。それは先代の様式を踏襲すればいい、というほど簡単な話ではありません。先代から艶っぽさと官能性を受け継ぎ、かつ平成時代のプロジェクト・スキームに合致する採算性や効率性も実現しなければならない難問です。

当初、松竹側は自分たちの中にある伝統的な歌舞伎の華やかなトーンと、抽象的でシンプルなものを志向する建築家という存在とが、バッティングするのではないかと心配していました。彼らにとって歌舞伎とはまさしく「傾《かぶ》く」世界で、そこには赤い漆塗りの柱に代表されるギラッとした要素がもちろん入ってきます。最初、あの赤にぼくは抵抗がありました。それまでに使ったことがない色ですし、使ってはいけないと教えられ続けてきた色ですから。でも、何回も打ち合わせをして、松竹の方の思い、役者さんたちの思いをじっと聞いているうちに、「あの赤じゃなきゃ歌舞伎座じゃない」とぼくの方が思い始めてしまったんです（笑）。自分が変わった、自分に何かが乗り移った、と我ながらびっくりしました。建築家は少しも妥協する必要はないけれど、変わり続けるしなやかさが絶対に必要です。

夢でうなされる

自分の内にある、建築の理想を極めたい気持ちと、あらゆる人たちの思惑が渦巻く現実とのジレンマを乗り越えていく方法は、単純です。作っている行為自体を楽しめばいいんです。作ることは楽しいし、誰かと一緒に何かを作ることはもっと楽しい。

そのためには、世間から何をいわれても、「俺たちは、本当にいいものを作ろうと思ってやってきている」と、胸を張れる仲間を作ることです。「自分たちを取り囲む条件の中で、これ以上のものはできない」と、いい切る努力は、仲間となる上での前提です。「俺」ではなくて、「俺たち」で作っているという実感。それがあるから、何をいわれても、何とかやっていけるのだと思います。

歌舞伎座プロジェクトでは、当然のことながら歌舞伎役者さんと話をする機会も増えたのですが、みなさん、ものすごく愉快で、同時に「強い」人たちなんです。

梨園《りえん》などと呼ばれて、とても特殊な人たちというイメージがありましたが、実際にお付き合いしてみると、意外に自分らと同類の、同時代を生きるアーティスト仲間という存在なんだ、と実感しました。世間的に名声があっても、それだけで安泰なわけではなく、知名度にしても経済的なことにしても、毎日を走り続けているアーティスト仲間なんですよ。それもただ役者を張っている、というだけではなく、プロデューサー的な仕事も負っていて、お金の算段を付けながら、周りにいるたくさんの人々の面倒を見ている。役者同士にしても、歌舞伎界の仲間でありながら、同時に競争相手でもある。そういう、あらゆる場面での大変さに、ぼくはすごく共感を持ちました。実際、第五代の歌舞伎座は、役者さんも含めて、たくさんの「たち」で作ることができたと思っています。亡《な》くなられましたが「日本俳優協会」会長を当時務めておられた中村芝翫《しかん》さんや、アドバイスをくださった他の方々も「たち」です。「たち」で困難に立ち向かったわけです。

それでもぼくは夢でうなされます。建築という世にさらされるもの、大きなお金が動くもの、まわりの環境すべてを巻き込んで、そのすべてに影響を与えるもの。そのプレッシャーは、プロジェクトの大小を問いません。夢でうなされて、目が覚めて「ああ、夢でよかった」と胸をなでおろすことの繰り返しです。

朝、起きるときはいつも汗をかいていますね。病気じゃないかな、と思うほど。世界を飛び回る出張は、それから逃れるためかもしれない（笑）。出張で飛行機に乗っているときは、汗をかきません。東京にいると、ぼくはすごく汗をかいている。

第3章　20世紀の建築

住宅ローンという〝世紀の発明〟

建築には世界最前線の動きが反映されます。世界の現場を回っていると、メディアやネットでは伝わらない、町々で違う空気や勢いを感じることができます。

たとえば、「韓国に勢いがある」といっても、その質はソウルとプサンとではまた違います。今は、場所の固有性がそれぞれに際立《きわだ》つ時代で、「場所」の意味する範囲が刻一刻と小さくなっている感じなんですね。それを知りたくて、ぼくはどこに行っても、自分の足で町をどんどん歩きます。だから、靴はすぐに底が磨《す》り減って、だめになります。

今、建築の世界で動きがあるのは、中国、韓国を初めとするアジア諸国で、それに対して、ヨーロッパや日本は影が薄くなっています。2010年代のヨーロッパ通貨危機も、世界の中心が移動していることの象徴だったかもしれません。明治維新以来、都市でも建築でも、日本人のお手本は長らく西洋だったわけですが、ぼくたちが信奉してきた「西洋的なるもの」の危機が、そこにあります。

ただし、ぼくら日本人が西洋の危機を論じる場合は、最初にヨーロッパとアメリカとをしっかりと分けて考えねばならない。日本では「欧米」という言葉が、メディアでもアカデミズムでも懐疑なく使われ続けてきましたが、この二つはまったく別の世界です。都市も建築も、まったく違います。第一に、20世紀の文化と経済の最大の事件が、「ヨーロッパ的なるもの」の、「アメリカ的なるもの」に対する敗北でしたから。

建築の世界では、20世紀初頭のヨーロッパに出現した「モダニズム」と呼ばれるスタイルが一世を風靡《ふうび》して、世界的な流行になりました。モダニズムとは要するに、コンクリート、鉄、ガラスを使った、機能的で透明感のある工業化社会の制服のような建築様式のことです。ル・コルビュジエ、ミース・ファン・デル・ローエという、誰でも名前を聞いたことのあるヨーロッパの「巨匠」が、モダニズムの生みの親です。

モダニズムが生まれたのはヨーロッパでしたが、この様式が爆発的に広まったのはアメリカでした。そのきっかけを作ったのが、住宅ローン制度の〝発明〟と自動車産業です。

戦争の後に住宅難が来るのは、歴史のお約束です。第一次大戦後、国民の住宅不足にどう対処するかで、ヨーロッパとアメリカは対照的な政策を採りました。

ヨーロッパでは各国政府が、家賃の安い公営住宅をたくさん建てました。それ以前から、ヨーロッパの庶民にとっては、家とは所有するものではなく、借りるものである、ということが社会の前提だったのです。自分の家を建てるという行為は、王侯貴族などごく一部の人間だけに許された特権で、大衆にとって家とは、あらかじめそこにあるか、借りるかするものでしかなかった。これは、木造の賃貸住宅がべたっと都市を覆《おお》い尽くしていた戦前の日本もそうでした。

ところが第一次大戦後のアメリカが採った政策は、ヨーロッパとはまったく違うものでした。

アメリカは、都市の外にある緑を切り開き、その郊外という新しい場所に家をどんどん建てて、大衆が家を所有できるようにしたのです。そのときに一緒に編み出されたシステムが、住宅ローンでした。郊外の持ち家＋住宅ローンという政策は、社会の推進力となって、建設産業はもちろんのこと、自動車産業、電気産業、金融業、製造業と、あらゆる業界を活性化させました。「郊外の持ち家を手に入れた、保守的な核家族が、緑の芝生の上でハッピーに暮らす」というアメリカ文化がこれによって確立し、このライフスタイルの発明で、アメリカ経済はヨーロッパ経済を抜き去ることになりました。

真っ白なお家と真っ黒な石油

20世紀の分岐点がどこにあったのかについては、よく議論がなされます。1803年にナポレオンがフランス領だったルイジアナをアメリカに安く売った「ルイジアナ・パーチェス」をもって、アメリカの優位が確立したという説もありますが、ぼくは「郊外の芝生の上の白く輝くわが家」の発明で、アメリカは20世紀の覇権を手に入れたのだと考えています。

その繁栄を支えたものが、もう一つあります。石油です。

理想の生活の場を都市から郊外に広げていくとき、そこには都市と郊外を結ぶ交通システムが必要になります。それを可能にしたのが自家用車であり、その燃料となったのが、地面の底にあった石油でした。郊外というアメリカ中に広がった「ドリーム」は、実は真っ黒な石油と一体だったのです。

皮肉なことに、ヨーロッパで生まれたモダニズム建築は、アメリカの郊外住宅と都市部の超高層建築にぴったりとハマるデザインでした。というより、その二つが20世紀を支配することを予知して、それにハマるデザインを考えた二人のマーケティングの天才が、時代の寵児《ちょうじ》となったわけです。その二人とは、コルビュジエとミースです。

モダニズム建築は、原産地のヨーロッパから大西洋を跳び越してアメリカで大流行し、さらに次はアメリカ発の流行として、第二次大戦後の日本をも席捲《せっけん》しました。戦後の日本では、庶民にいたるまでが持ち家志向にガラリと洗脳され、郊外の一戸建ては資本主義社会を支えるサラリーマン家族の夢になり、かわいそうなサラリーマンは、この「持ち家」めざして死に物狂いで労働するようになりました。

世界を制覇した「アメリカ的システム」は、持ち家を担保としてお金を借りる虚構的な金融システムのことです。この虚構を次から次へと積み重ねていった先に、グローバリズムと呼ばれる、金融資本がリードする博打《ばくち》的な資本主義が出現しました。芝生の上の白い家からすべての虚構がスタートしたわけです。

グローバリゼーションというシステムは、うまく行っていればノリノリですが、いったん化けの皮がはがれると、強力な破壊力を発揮して、すべてを崩していきます。現在の世界は、ヨーロッパやアジア、日本だけでなく、アメリカさえも、この力に破壊されています。21世紀のヨーロッパの凋落《ちょうらく》、アメリカの足踏み、日本の翳《かげ》りなどは、その果ての姿であり、どの先進国も自分たちの拠《よ》って立つところを見失っています。いえ、見失う前に、自分の拠って立つところなどそもそもなかった、ということを発見してしまったのです。

オイルショックで最初の挫折《ざせつ》

1954年生まれで、戦後の高度経済成長時代に少年期と青年期を過ごした自分にとって、アメリカは豊かさや強さの象徴でした。しかしぼく自身は、アメリカのあやしさに敏感な、ひねくれた人間だったんです。最初に、「アメリカの化けの皮がはがれたな」と、感じたのは、オイルショックのときです。

大学に入学した1973年は、第一次オイルショックが起きた年です。入学当時は、大阪万博の影響で建築学科というのは工学部では一番人気の学科でした。ぼくが通っていた高校のクラスで、大学入試の前に「将来何になりたいか？」と聞いたら、なんと半分が「建築家」と答えたクレージーな時代だったんです。ちなみに、その次は「医者」。その二つの職業以外を志望するヤツは、変人扱いでした（笑）。

ところがオイルショックが起きた途端に、建築界は一気に不況へと反転します。世間ではトイレットペーパーが買えなくなり、大学の生協だったらまだある、ということで、ぼくらはそこで買いだめして親戚《しんせき》に配って、ありがたがられていました。建築家は時代の花形から斜陽産業へと大逆転し、建築の夢も、アメリカへの憧《あこが》れも、あったもんじゃありません。そのとき、「ああ、全部フィクション（虚構）だったんだ」と、かえってすっきりした気分になったことを覚えています。

ぼくは実験も計算も好きではなくて、他の工学系の学科で進学する気になれるところは、ほかに一つもなかった。お絵描き以外に好きなのは数学という抽象的思弁の世界。建築以外の学科に進めるイメージは持てません。そこで、周囲の秀才たちが建築の将来に対して危機感を持っているんだったら、かえって斜陽産業と化した建築こそ面白いんじゃないかと、逆説的に、マゾヒスティックに、自己設定し直したのです。

もう少しカッコよくいうと、そのときが建築というものに対して味わった挫折の第一回目です。建築への挫折とは、アメリカ的物質主義、アメリカ的豊かさへの挫折でもありました。もうこれからは負け戦《いくさ》で行こう、みじめさで行こうって、覚悟を決めました。

サラリーマンをやってみた

学部卒業の後、ぼくは大学院に進みます。そのころ日本の建築界では、槇文彦、磯崎新、黒川紀章さんといった戦後第二世代と呼ばれる建築家たちが横綱という感じで存在し、次に、安藤忠雄さんを筆頭に、伊東豊雄、石山修武《おさむ》、石井和紘《かずひろ》、六角鬼丈《きじょう》、毛綱毅曠《もづなきこう》さんといった、１９４０年よりも後に生まれた「野武士」と呼ばれる世代が登場して、瞠目《どうもく》を集めていました。ぼくや妹島和世《せじまかずよ》さん、坂茂《ばんしげる》さん世代の前世代にあたる、いわゆる第三世代の建築家の人々です。

彼らはぼくの一回り上の世代で、それこそ20世紀システムとかアメリカ文明とか、既成の権威に対して、野武士的に反旗を翻《ひるがえ》した。既成の権威というのは、官・民・政治が一体となって、第二次世界大戦後の右肩上がりの経済成長を支えた仕組みのことです。建築だって当然、そこに組み入れられていたわけですが、野武士と呼ばれた建築家連中は、既存のシステムそのものを批判して、カッコよかったですよね。

でも、「後から来た世代」のぼくたちは、連合赤軍の浅間《あさま》山荘事件を、高校生時代にテレビで眺めていたくらいでしたから、そういう野武士的な暴力性も迫力も持ち合わせていない。オイルショック後に、それまでとは別の国になってしまった日本で、

20世紀的なイケイケの仕事分配システムが続くとは思えなかったし、かといって野武士の暴力性には、かないそうもないし、ぼくたち、これからどうなるの？　と途方に暮れました。

同級生の中には、野武士のボスである安藤さんに憧れて、大学院を修了した後、コンクリート打ちっぱなし建築の真似《まね》を始めたやつもいましたが、同じ打ちっぱなしをやったら、彼らにかなうわけがないと、ぼくは冷めた目で見ていました。だってぼくらは、あんな怖い声で職人を怒鳴れないもの。ぼくたちって、やさし過ぎるんです（笑）。

そこでひねくれたぼくは、小さい建築では野武士にかなわないから、大きな組織に入って、大きな建築を作ることから始めようと、設計会社に入社することにしました。つまりサラリーマンになったんです。独立志向の同級生たちは、大組織に属して設計するなんて最悪だ、と意気盛んでしたから、「なんでお前は、そんな体制的なところに行くんだよ」と、ずいぶん悪口をいわれました。

一生サラリーマンをするつもりはありませんでしたが、ぼくはそのとき、会社員という立場で世間の荒波に、マゾヒスティックに揉《も》まれたかったんです。大手の設計会社とゼネコンでそれぞれ三年ずつ、サラリーマンを勤めました。

サラリーマン生活で求めたことは安定ではありません。大きな工事現場なら、現場で丁々発止《ちょうちょうはっし》の仕事をしている、たくましいおじさんや、そこで働く職人たちがいるから、そこからいろいろと学べるだろうと期待したのです。ぼくはもともと〝おじさん好き〟で、子供のころは、田舎で農業をやっている親戚のおじさんの家に行くことが好きだったし、その現場的な迫力にいつも憧れていました。

〝都会派〟の建築家の中には、現場にいる苦労人のおじさんのことを、ダサいと切り捨てるタイプの人間がいます。でも、苦労しているおじさんには、それなりの経験や見識というものが、きちんと備わっている。彼らから学べることは多いだろうし、口先だけのサラリーマンとは違って、現場を持っている人がカッコいいと、ぼくはいつも思っていました。

で、いざ勤めてみたら、大きな設計会社もゼネコンも、東京のビルの中にいる連中は、現場からは隔離されていることがわかってしまいました（笑）。サラリーマン生活六年目にして、「大組織のスマートなおじさんたちから学べることは、まあこの程度だな」と、見切りをつけて、会社は辞めました。後は、ぼんやりしていてもしょうがないから、奨学金を得てアメリカという「荒野」に行こう、と思ったわけです。30歳を越えて、いよいよ「自分探し」です（笑）。

ニューヨークの地下で日本の悪口

アメリカに行けば、何か違う世界が展開するかも……ぐらいの軽い気持ちで、コロンビア大学大学院の研究員としてニューヨークに渡ったのが1985年。コロンビア大学には、建築関係では世界一といわれる「エイブリー・ライブラリー」という図書館があって、大学の地下にあるその図書館にこもって、『10宅論』という本をせっせと書きました。

『10宅論』は、バブル前夜に日本で流行していた住宅のスタイルを、「ワンルームマンション派」「清里ペンション派」「カフェバー派」「アーキテクト派」というような十の類型に分けて、それぞれのスタイルを批評するという、意地悪な内容で（笑）、ぼくの単行本デビュー作となった本です。

たとえばその本の中で、「アーキテクト派」は、「コンクリート打ちっぱなしを唯一《ゆいいつ》絶対、神聖なる様式だと信じている世間知らずで、ナルシスティックな人々だ」と定義したりしました。「自分たちだけで『打ちっぱなし』を神聖と信じているけれど、他人のスタイルを認めない狂信性は、デコラティブな建売住宅を『絶対オシャレ』と信じているオバチャンと同類の世間知らずだ」と。自分自身の展望はなかったけど、そういうことを指摘する意地悪な目と、悪口をいう精神だけはあった。だから、すごく暗いヤツでした。

アメリカ滞在中は、ここぞとばかりにフランク・ロイド・ライトの建築を見まくっていました。ほかにもマイケル・グレイブス、ピーター・アイゼンマンといった、ポストモダン建築の巨匠にインタビューして、『グッドバイ・ポストモダン』（1989年・鹿島出版会）という一冊のインタビュー集にまとめ上げることに取り組みました。

その機会に、巨匠と呼ばれる人たちの、建築を作っているナマの現場に触れることができました。事務所に一歩足を踏み入れただけで、エネルギーがある事務所か、沈滞した事務所か、わかっちゃうんです。ぼくの建築の師匠である原広司《ひろし》さんの名言に、「建築家になりたければ、建築家の近くにいろ」というものがありますが、このインタビューを通して、建築界のトップたちの近くに迫ることができたのは、今から見ると大きな収穫だったと思います。

アメリカでは旅行して、インタビューをする合間に、日本の悪口を書き綴《つづ》る日々（笑）。地球の裏側で一人ぼっちで牙《きば》をむきながら、書くことは日本の悪口かって。じゃあ、アメリカはすばらしいところだったかというと、まったく逆。ぼくは、アメリカがどんどん嫌いになっていったのです。

ディベート重視のワナ

ニューヨークに行くまでは、アメリカは建築の世界でも、その明快な論理性において、日本の規範になり得るのではないか、と思っていました。日本の建築教育は、年寄りのエラい先生が意味不明の言葉を使って呟《つぶや》くだけの、ロジック不在の暗闇《くらやみ》で、それに嫌気がさしていましたから。

でも、行ってみてわかったのは、アメリカへの期待は買いかぶりだったということ。アメリカの建築教育の現場に身を置いて、「あれ？　やっぱり、この国はヤバいんじゃなかろうか」と、思い始めたのです。

とにかくアメリカの授業では、ディベートが最優先で、何でもかんでもディベートにしてしまう。ぼくは当時から、建築というものは血肉をともなった、極めて身体性の高い行為だと思っていて、それが「場所」というものに一致する瞬間が、建築の最大幸福の一瞬だと信じていました。でも、アメリカの建築界は、頭の中にあるロジックだけで建築をとらえる殺伐とした世界でした。最終作品発表の場を「ファイナル・

クリティーク」といいますが、そこではディベートの上手な者の作品が、優秀作品とされてしまうんです（笑）。

１９６０年代から80年代までは、このアメリカの方法が世界の建築界を支配しました。つまり、ロジックで建築が作られた時代です。ところが90年代から急に、アメリカの建築がつまらなくなっていきます。抽象的で質感がなくて、パサパサした感じになっていくんです。ディベート教育で建築を教えている限り、アメリカに将来はないと、ぼくが直感した通りでした（笑）。

一方、イギリスには、「ＡＡスクール」という、１８４７年に創立された建築の大学があります。設立された当初は、フランスゆずりの権威主義的な建築教育に対抗してできた「塾」みたいなものでした。今でも校舎はロンドンのブルームズベリーという場所に建っています。校舎なのか集合住宅なのか、わからない外観で、設立時からの〝クラブ的〟な性格を十分に保っていますが、その学校が今ではイギリスのナンバーワンの建築学校です。

ＡＡスクールの特徴は、やたらにワークショップが多いことです。つまり、手を動かして何かを作らせる教育です。そもそもＡＡは、それ以前の19世紀的な「ボザール教育」と呼ばれる、美しいドローイング（二次元の完成図）を描く、フランス的教育への反動として生まれました。美しいドローイングが自己目的化し、権威主義に陥っていたボザール教育を、AAでは乗り越えようとしたのです。つまりAAには、「建築を学ぶには身体を使うべきだ」という信念が、もともとあったのです。

別の場所で勝負してやる

ニューヨーク滞在は1985年から86年までの一年間ですが、85年とは「プラザ合意」があった年で、まさにバブル経済が始まった、その瞬間でした。ニューヨークに着いてすぐのときに、プラザホテルの近くに行ったら、周囲がものすごい警備に囲われていたことを覚えています。

バブル経済は、その先にある金融資本先導のグローバリゼーションの前夜祭であり、建築家にとってはチャンスどころではなく、建築が金融に屈する悲劇の始まりでした。でもバブルのおかげで、ニューヨークでも東京でも、無名の若い連中にバンバン仕事が来るという様相で、ぼくの同級生たちも、「事務所を開いてみたら仕事が殺到して大変だ」なんて、はしゃいでいました。

結局、そのバブルのせいで、ぼくも含めた日本の若い建築家は、工業化社会が終わろうとしているたそがれの時代に、建築という斜陽産業を生業《なりわい》にする大変さを一瞬、忘れてしまったんですね。バブルに向かっていた日本は、それだけ華やかで、浮かれちゃっていたんでしょう。

そのときニューヨークにいて、対岸のバブルを冷めた目で見ることができたのは、ぼくにとって幸運でした。すべてを「ディベート化する」アメリカの建築教育と、ぼくの目指すところは違っていたし、英語力のせいでディベートに勝とうとは思わなかった。英語を華麗に操れなかったことが、ぼくの思考と方法論を逆に鍛えてくれたんです。

アメリカ流のディベート建築に惹《ひ》かれなかった。日本のバブルは対岸の蜃気楼《しんきろう》にしか見えなかった。ニューヨークにいるぼくの気持ちは、どうしようもなく冷めていました。それで『10宅論』を書いて、十個の家もろともに、呪《のろ》いをかけた。「建築なんか、死んじまえ」って（笑）。

このとき、呪いとともに、建築家としての心が決まりました。自分はディベートとは別の場所で、自分が信じる価値を積み上げた建築を作るしかない、と。

とりあえず、ぼくはニューヨーク113丁目のアパートに畳を二枚持ち込むことにしました。ところが、この畳がなかなか手に入らない。当時すでに日本食はブームだったし、日本風インテリアが好きな人たちもたくさんいて、障子や屏風《びょうぶ》を売る店も、ニューヨークにはありました。でも、畳だけは売っていなかったのです。

だからこそぼくは、畳にこだわりました。カリフォルニアにいる大工が、いぐさで作った本物の畳を二枚なら用意できるというのを聞きつけ、貧乏暮らしの中で無理をして注文しました。カリフォルニアから運んでもらった畳の上で、いぐさの香りをかぎながら、ごろごろと寝転がって本を読んだり、昼寝をしたりしました。アメリカの友人が来ると、その畳の上に無理に正座させて苦い抹茶を飲ませるという、ちょっとした意地悪をやりました。ディベートを超えた別の価値を探す勉強を、たった二枚の畳を通じて始めていた、といえば、それこそカッコよすぎるかもしれませんが。

コルビュジエとコンクリート

「アメリカンドリーム」への疑いのまなざしは、次にコンクリートに向かいます。その前に、建築と「場所」との関係についてお話しすると、建築の成否はロケーションで八割ぐらいが決まると思っています。

かつて、福島県の阿武隈《あぶくま》川の川沿いに蕎麦屋《そばや》を設計したことがあります。もともと堤防の内側の河川敷に小屋があって、それを建て替えるということで、建築許可を手に入れました。実はこういった立地は、今の都市計画関係の法律では、建築が建てられない場所なのです。この蕎麦屋はたまたま既得権があったわけで、そういう一種、治外法権的な条件に出くわすと、「やった！」と思いますね。ロケーションに恵まれていたら、だいたい勝ったも同然ですから。

建築とはその場所に根ざしたものであるべきだと、ずっと思っていました。しかし20世紀は、「いかに建築とその土地を切り離すか」が大きなテーマとなった世紀でした。

象徴的な存在がフランスのル・コルビュジエです。彼の代表作といわれている「サヴォア邸」（101頁《ページ》写真）は、パリの郊外にある、きれいな緑地の中の一軒家です。コルビュジエはそこに、「ピロティ」という細い柱で浮かせたモダンな住宅を作りました。サヴォア邸の敷地は湿度が高いから、高床式に家を上に上げた方がいいというのが彼の理屈でしたが、現地に行けばウソだということがよくわかります（笑）。

実際、サヴォア邸は、予算オーバーとか、住み心地が悪いとか、後でいろいろな問題が起こって、施主《せしゅ》から訴えられることになります。裁判でコルビュジエは、友人だったアインシュタインを引っ張り出して、「あのアインシュタインも褒めていた」など一所懸命抗弁したのですが、頼んだ方としてはやっぱり、「こんなものを建てて」と、後から怒りが湧《わ》いてきたわけです。だって、わざわざ手間をかけて家を浮かせるよりも、周囲の緑をそのまま生かして地面に建てれば、よほどいい家が安くできた場所なのですから。

後年、コルビュジエはこのピロティを使った建築手法で世界的に有名になり、サヴォア邸は、20世紀の住宅建築の最高傑作だといわれるようになりました。19世紀までの、特権階級にだけ許された建築から装飾をはぎ取り、建築を市民個人に近い場所に持ってきたことは、まさしくコルビュジエの功績ですが、サヴォア邸に与えられた評価は、もっと別の意味を持っていて、これこそが20世紀という時代を象徴している。つまり20世紀とは、場所と建築を切り離すという主題が、建築界を支配した世紀だったのです。

どうしてコルビュジエがサヴォア邸で、ピロティ建築の理屈をひねくり出したか。その手法だったら世界のどこでも通用したからです。場所と建築を切り離しさえすれば、アメリカでもインドでも、どんなところでも建てることができる建築の手法を、彼は早い時期から敏感に見抜いていたのです。

どこでも通用するとは、つまり商品としてたくさん売れることです。その意味で、

「サヴォア邸」（ル・コルビュジエ、フランス・パリ郊外・1931年、20世紀の住宅建築における最高傑作といわれる）

彼はマーケティングの天才でもありました。コルビュジエは、建築に「商品性」という新しい概念を導入したのです。

安藤忠雄建築とコンクリート

19世紀までの、貴族のための装飾的な建築に代わる、民衆のためのシンプルな建築。それが、コルビュジエがリードした20世紀モダニズム建築の原点でした。彼は、コンクリートという素材を頼りにモダニズムを〝発明〟し、牽《けん》引《いん》したのです。ただし、コルビュジエのコンクリート建築は、サヴォア邸にしても、コンクリートの上に白いペンキを塗っていて、その点でまだ完成度は途上です。

その後コルビュジエは、コンクリート打ちっぱなしを始めて、それを世界中に蔓延《まんえん》させました。その手法をさらに洗練させて、民衆的、左翼的な建築を標榜《ひょうぼう》したのが、1970年代の日本の建築家でした。

70年代はぼくが大学に入った時代です。そのころの大学の建築学科では、まさしくコンクリート打ちっぱなしこそが正義であり、20世紀建築の帰着点だという考えが支配的でした。

そのコンクリート打ちっぱなしの手法を極めたのが安藤忠雄さんです。彼の出世作となった「住吉の長屋」(1976年・大阪)に代表されるように、安藤さんのコンクリート打ちっぱなし建築は、衝撃的、刺激的で、文句なくカッコよく、大半の学生はその後追いをしました。

だからこそぼくは、そのカッコよさをどうにかして超えようと思った。第一、コンクリート打ちっぱなしを、安藤さん以上にきれいに完璧《かんぺき》に仕上げる人はいない。コンクリート打ちっぱなしを自分がやっても、安藤さんを超えることはできない。

そもそも、建築家がエスタブリッシュされるプロセスの生々しさを、ぼくに最初に教えてくれた人こそが安藤忠雄さんです。

大学院時代、「住吉の長屋」の写真を建築雑誌で見て、仲間と一緒に「安藤さんの建築に興味があります」という手紙を出しました。1941年生まれで、ぼくより13歳年上だった安藤さんは、単なる大学院生だったぼくらをすぐに大阪に呼んで、「住吉の長屋」や「コシノ邸」（ファッションデザイナー、コシノヒロコさんの自邸）から、そのときまでにできていた作品まで、ほとんどすべての建物を、丁寧に案内してくださいました。

中でも「住吉の長屋」は、衝撃的でした。大阪の下町の長屋に、反社会的な匂《にお》いのするコンクリートの打ちっぱなし建築を挿入した、その過激でゲリラ的なイメージは、70年代の反体制的な空気の中で、圧倒的な支持を受けました。

しかし、安藤さんの案内で見に行った実物の「住吉の長屋」は、ぼくの思い込みとはかけ離れていて、そのギャップに若いぼくはショックを受けました。象徴的だったのは、コンクリート打ちっぱなしの壁に、そこのご主人のテニスラケットが美しく掛けられていたことです。その光景が示す通り、ご主人は下町の長屋に潜む反政府主義者などではなくて、大手広告代理店勤務のスマートなシティボーイでした。「これって、大阪の『テニスボーイの憂鬱《ゆううつ》』じゃん！」。ひねくれ者のぼくは心の中で呟きました。

ほかにも安藤さんのご案内で、いろいろなクライアントのところに行きました。そうすると、みんなが「いやあ、安藤さん、こんにちは」みたいな感じで、なごやかに挨拶《あいさつ》を交わし合っている。どこを探しても、ゲリラ戦の殺伐とした緊張はなく、若造のぼくとしては、何か肩透かしを食った感じが残るわけです。

安藤さんは昼に作品を案内して、夜は神戸の中華街で、うまい中華料理をご馳走《ちそう》してくれました。学生相手にですよ。中華料理を食べながら、「こんなにやさしい安藤さんのどこがゲリラなんだよ」と、ぼくは思いましたが（笑）、同時に建築家という存在の本質を見せつけられた気がして、圧倒されてもいました。

クライアントの家の壁に掛かっていたテニスラケットと、海のものとも山のものともつかない若いぼくらをかわいがること。建築界の既成勢力と戦いながら、クライアントには至れり尽くせりで接し、学生もメディアもしっかり味方に付けること。安藤さんのように、あらゆる角度から社会との総力戦を戦い抜ける人間だけが建築家になれるんだ、と、そのときの大阪行きで、ぼくは教えてもらったのです。それが本当の意味での「現代のゲリラ」なのかもしれません。

理屈でなく腕力が必要だ

みながこぞってコンクリート打ちっぱなしに向かった60年代以降の日本の建築界で、最終的な勝者になったのが安藤さんでした。なぜ安藤さんが勝者になったかというと、彼が「コンクリート打ちっぱなし」だけに満足せずに、その先にある建築の徹底的な抽象化、洗練化を成し遂げたからです。

勝者になるには、権威ある場所でカッコいい理屈だけいっていてはダメで、現実の中で自分の考えを実現させていく腕力が必要になります。安藤さんはその過程を、エネルギーと禁欲をもって戦い抜いていった人でした。それゆえに一人、頭を抜くことができたのです。

安藤さんに限らず、建築史を見ると、そのときの本流に対する批判性が、絶えず次の世界を作ってきたことがわかります。「次なる正統」とは、「今」という時間の渦の中で生き延びていく「感度」のことでもありますが、安藤さんは本流の外から来た人だったから、逆に「今」に一番敏感でいられたのだと思います。よく知られたことですが、彼は日本の既存の建築教育は受けていません。代わりにボクサー出身の経歴を持っている変り種です。

そのことは過去の建築史の巨匠にも共通します。たとえばコルビュジエはフランス正規の建築教育を受けておらず、スイスの山奥から来た山ザルみたいな人でした。だからこそ、それまでの正統を批判できたし、新しい正統を作ることができた。

アメリカ建築史に燦然《さんぜん》と名を残すフランク・ロイド・ライトだって、もともとはウイスコンシン州の田舎から出てきた山ザルのような人です。彼もアメリカの正統な建築の枠外から来た人だったから、当時のヨーロッパかぶれのアメリカ建築界をぶっ壊すことができた。彼の代表作の一つ「ロビー邸」（107頁写真）は、まさにコルビュジエのサヴォア邸に匹敵する革命的な作品です。

西洋音楽史の中で、ビートルズが労働者階級から誕生したのと同じようなことで、コルビュジエもライトも、枠外だったから歴史を変えるほどの創造ができたのです。

人間心理に付け込むコンクリート

コルビュジエも安藤さんも含めて、なぜコンクリートという素材が20世紀の中で輝いたのか。それは20世紀が「グローバリゼーション」の時代だったからです。

「グローバリゼーション」という言葉が世の中に認知されるようになったのは、日本

「ロビー邸」（フランク・ロイド・ライト、アメリカ・シカゴ・1906年、20世紀建築を代表する作品）

でいうと小泉改革がクローズアップされた21世紀初頭ですが、実はその前の20世紀こそグローバリゼーションの原理だけで突っ走ってきた世紀でした。

鉄道、飛行機はいうに及ばず、自動車の普及で世界の交通は20世紀に大きな質的転換を果たします。交通システムの転換と同時に、電話からテレビまで、マス通信、マスメディアの登場による情報伝達の転換も起こり、それによって世界が一つに束ねられたのが20世紀という時代でした。

そこでは必然的に、共通の「言語」が求められるようになります。そして建築界の共通言語として、一番手っ取り早い素材がコンクリートでした。その意味で、コンクリート建築というのは、仮設住宅のようなものです。とりあえず世界が一つになったから、とりあえず世界に共通する建築を作ろう、ということで、各場所に由来する木やレンガではなく、どこでも簡単に作ることのできるコンクリート建築がクローズアップされたのです。

20世紀最大の問題点は、そういう仮設的なコンクリートが、逆に世界標準になってしまったことでした。

そもそもコンクリートとはどういうものなのか。簡単にいうと、それは砂や砂利、水などをセメントで固めた人造の石です。コンクリートが世界に一気に普及したのは、建築技術として、ものすごく単純だったからにほかなりません。ベニヤで即席に作った型にコンクリートを流し込めば、コンクリート建築は世界中、どんなところにでも建てることができます。ベニヤを組み立てる技術は原始的といってもいいほどのもので、コンクリートが登場する以前から、すでにそこら中に存在していました。

逆説的に日本がまずかったのは、もともと木造で鍛えられた日本の大工さんたちが、ベニヤの組み立てに関しても、優秀な技術を持っていたことです。建築家が勝手に描いた妄想のような図面でも、日本の大工さんは、たちどころにベニヤを精巧に組み立てて、世界一きれいにコンクリートを打ってくれた。日本の建築家は丹下健三さん以来、黒川紀章さんも、安藤忠雄さんも、日本の大工さんが持つコンクリート型枠技術の恩恵にあずかりました。

コンクリートという建築素材は、人々に堅牢《けんろう》なイメージを与えましたが、実はいろいろな意味で「ヤワ」なところを持っています。

たとえば石積みの家と、コンクリートの家を見せられて、「どっちが頑丈だと思いますか？」と聞けば、とりわけ地震の多い日本では大多数がコンクリートの家を選ぶことでしょう。石積みの建物は、何かが起きたらすぐにばらばらになるイメージがある。でもコンクリートは、完全に密実なる一体なので、圧倒的な強度があるように思い込んでしまう。東日本大震災後も、首都圏で超高層マンションが売れている背景には、そのようなコンクリート神話ともいえる強度への幻想があるからこそです。

でも、コンクリートというのは、いくらでもごまかしができる素材で、実はその中はぼろぼろの場合もあるんですよ。油断していると、施工《せこう》中にねずみだって猫だって入っちゃう。コンクリートには、見た目に弱い人間心理に付け込んでいる、詐欺《さぎ》になりかねないところがあります。

石を積むという技術は、石を一つひとつ、ちゃんと積み上げていかないと建築が成り立ちませんから、そこであるレベルの技術が自動的に保証されています。でもコンクリートは、その中に何が隠されているかはわからないから、逆に信用だけで成り立っています。2006年には、建築の強度偽装が日本社会で問題になりましたが、中に何が入っていてもわからないコンクリートには、残念ながら、その問題はいつもつきまといます。コンクリートを建築の主役にした途端に、社会の信用不安も起こり得るのです。

マンションを所有する「病」

日本人は豊かな景観への感性を持っているはずなのに、分譲の集合住宅――いわゆるマンションのデザインはどうしてこんなにひどいのか、と、外国人からよくいわれます。その度に返す言葉もない自分に、歯がゆさを感じますが、そこにもコンクリートが持つ「強度幻想」が作用していることを感じます。

都市を取り巻く要素は常に外部の状況と相互関連して、流動しています。そのような不確定な場所では、基本的には賃貸で時々の状況に合わせて住まいや住み方を変えていくことが必要なのに、それを分譲にして資産だといった途端に、都市は大きなリスクを抱え込むことになります。

分譲方式というものは、戦後の高度成長期に大型のニュータウンを開発して住宅地を作ったときに、金融のシステムと抱き合わせで発展した仕組みです。「アメリカのような広い郊外の土地に、アメリカ人みたいに白く輝くお家《うち》を所有したい」と庶民が欲望したことが、「住宅」を「所有する商品」へと転換させ、ひいては日本人を消費者化する大きなドライブとなって、戦後の日本は経済的発展を遂げました。経済成長はインフレ容認型の経済政策の下で進みます。石油という資源資産を持たない日本において、それに代わる資産は、端的にいって土地でした。戦後の日本国民は、預貯金では資産を大幅に増やせない、土地を持っていないとお金は目減りする、という土地本位制にもとづいた幻想を植え付けられたのです。

分譲方式は一戸建てだけでなく、マンションと呼ばれる集合住宅にも適用され、波及していきました。集合住宅では、資産の源とされる土地の所有権は一戸建てよりもさらに細切れに分割されます。それでもマンションが売れ続けてきたのは、土地の所有というよりも、それがコンクリートでできているから頑丈で安心だ、というイメージが大きく作用したからです。20世紀を支配したコンクリートは、無限で永遠の強度とか、無限に自由な造形といった、さまざまな〝錯覚〟を与えてしまう材料でした。21世紀になって、そのイメージはさらに補強され、前世紀のマンションの概念を超えた超高層マンションも増殖中です。東日本大震災でいっとき、災害時の超高層マンションのリスクが話題になりましたが、超高層マンションに住むことが新しいライフスタイルだ、というデベロッパーのイメージ戦略が、有事への危惧《きぐ》を超えるようになりました。超高層マンションの建設と販売が復活する一方で、それが根本的に抱える問題は、いつのまにか議論の彼方《かなた》に消えています。

日本では、マンションを高く売るテクニックだけは非常に洗練されていますから、上層階からの眺めとか、川沿いの立地とか、イメージだけが常に前面に出てきます。しかしイメージは、人間の日常を支えたり、命を守ったりはしません。資産にさえもなりません。コンクリートでできたマンションは、完成した瞬間から劣化が始まります。大きくなればなるほど、建て替えも容易ではありませんから、かつての日本の木造建築のような、部分的な部材取り替えや設備更新の仕組み、あるいは美しく経年変化する材料の選択を考えておかないと、資産になるどころか、どんどん朽ち果てていくしかないわけです。

コンクリート革命を超えるには

20世紀という世紀は、特殊な世紀でした。

それは、前世紀まで世界の原理だった「拘束」に対して「解放」というものが特別な意味を持った世紀で、「解放」や「自由」に、人々は大き過ぎるほどの期待をかけた。「拘束」から「自由」への原理の転換は、歴史的な意味を持っていたはずです。

20世紀の建築家たちも、前世紀まで世界を縛っていた「拘束」をはずせば、「創造」ができると発想した。コンクリートがそれを可能にしてくれるという夢を見たのです。

60年代安保や学生運動の渦中《かちゅう》にいた世代は、最も強く「自由」を夢見た人たちです。しかしぼくたちの世代は、そんな、ちょっと上の先輩がやっている運動の限界を間近で見た世代です。ぼくたち世代は、転換点ではなく、転換後の世界にいたということです。そこからぼくは、革命にしろ、解放にしろ、結局はその後がもっと大変で、大事なんだよな、という冷めた視点を得ました。

18世紀のフランス革命だって、その後の混乱がひどかったように、自由を手に入れてからが本当に大変なんです。革命に留まっていたら、それは革命以前の時代以上に人間を不幸にする。だからこそぼくは、もう一回、「自由」以前の、または「自由」以後の、「制約」の中にモノを作るヒントを探そうと思ったのです。

コンクリートに話を戻しますと、ぼくはコンクリートという素材を、すべて否定するわけではありません。コンクリートが持つ自由自在の特性から何かが生まれるのではなくて、むしろ制約のある素材だからこそ何かが生まれると、ひねって考え始めました。

あきらめを知ったら、人生が面白くなった

自問への解答を見つけることは、いまだ途上ですが、「コンクリートの時間」と、「木造の時間」ということをずっと考え続けています。

コンクリートの時間は、コンクリートが固まることによって完結します。コンクリートに不老不死のイメージがあるからこそ、資産として永久化されるような気になります。

それに対して木造の時間は、建物が完成してからスタートします。完成した後も、メンテナンスを続けていかないと、腐って、土に戻ってしまう。面倒に違いはないけれど、メンテナンスを怠らなければ、コンクリートよりもはるかに長い寿命を得ます。コンクリートの建物は、不老不死を手に入れたような錯覚を我々に与えるけれど、実はコンクリートは木よりも、もちません。「手入れする」という要素も含めて、二つ

の素材の裏に流れる時間概念の違いは大きい。

そもそも自分を永久に幸せにしてくれる資産なんてものはないんです。この章の冒頭の「アメリカンドリーム」でも触れましたが、ヨーロッパ人にはそういう思想はありません。フランス革命やら、産業革命やら、歴史の中でいろいろな波乱があって、あきらめることが人生だ、革命の後が本番だ、と彼らは熟知しています。アメリカ人は「白いお家を所有したらすべて解決だ」と能天気に信じ切っているけれど、こすからいヨーロッパ人は「家なんか持ったら、メンテナンスやら税金やらで面倒なだけ」と、冷めています。

その意味でいえば、日本人は永久に世紀末を生きているようなもので、平安時代からすでにあきらめの美学を生み出していました。鎌倉時代初期の『方丈記』も『平家物語』も、根底に流れているのは「あきらめ」です。あきらめれば、鴨長明《かものちょうめい》のように四畳半一間、すなわち「方丈」でも、幸せに生きられるのです。そんなことを考えていたら、鴨長明が方丈を建てた京都の下鴨神社から「現代の方丈」の依頼があり、ビニールハウスのような方丈を作ってしまいました（笑）。

高校時代に吉田健一の『ヨオロッパの世紀末』を読んだとき、「文明とは優雅と諦《てい》念《ねん》のことだ」という一文に目が開く思いでした。ぼくもあきらめを知ってから、人生も建築も本当に面白くなりました。

淋《さび》しい母親

超高層ビルがあって、道路や高速道路があって、電車や地下鉄網が張り巡らされていて、ショッピングセンターがあって、という今の都市のあり方は、世界に共通の普遍的なものだと思われがちですが、それはアメリカが20世紀の最初に自動車産業や石油産業と共謀して作った、一つの特殊モデルに過ぎません。ぼくたちが今、日本で目の前にしている都市にしても、アメリカ流の石油エネルギーの大量消費にもとづいて作られた、たかだか一世紀ほどの類型に過ぎず、歴史的にいっても短期のモデルとして終わるものでしょう。

時間と空間の縛りからいったん逃れて、世界を眺めると、都市のあり方は実にバラエティに富んでいることに気が付きます。特に、日本がかつてお手本にした中国とヨーロッパとも違う、アラブの都市は面白い。たとえばエジプトのカイロなんかは大好きですね。カイロには「生者の街」に対して「死者の街」という一角が存在して、そこには死者が住むための家々が並んでいます。現代人はそれを見て「大きな墓」といいますが、「墓」ではなく「家」、「墓地」ではなく、もう一つの「街」で、そこが実にアメリカの郊外に似ているんです。カイロに行くと、まったく新しい都市観に到達できます。

　面白さでいえば、アフリカのサバンナ（草原）も同じくらい面白い。大学院時代に研究室の恩師だった原広司先生とアフリカの集落調査に行ったとき、目からウロコが落ちる光景に接しました。

　そこは砂漠と熱帯雨林の間にあるサバンナの中の集落だったのですが、日干しレンガを積んで作った円形の小さな空間の中に、二十人以上の人間が暮らしているんです。彼らにとっては「家」とはプライベートな空間ではなく、まさしく「公共」空間のことで、とにかくそこに行けば誰かしらがうじゃうじゃいる。セックスやら何やらは「家」の外でやる。「家」の周りに広がる草原が城壁の役割となって、住民を守っている。「家」＝プライバシーと信じて、プライバシーとセキュリティに向かって突き進んだ末の、20世紀の「家」の貧しさと較《くら》べて、サバンナの「家」はなんて豊かなんだろうと、ぼくは思いました。

　そのような光景を見ると、現代のいわゆる都市計画と人間という生物の生活の原点が、いかに乖離《かいり》しているかがよくわかります。とにかく、家がプライベートなものだと誰かがいい出したときから、いろいろな間違いが始まったんです。

プライベートという概念がさらに進んで「私有」になると、人はただのプライベートじゃ満足できなくなって、「一生の財産にしたい」と欲望を加速させてしまいます。「私の家」を持ちさえすれば一生の安心、という住宅ローンのシステムを発明したアメリカは、それをエンジンにして20世紀資本主義を牽引しました。しかし皮肉なことに、その幻想が一番うまく効いてしまったのが、戦後から今にいたるまでの日本だったのです。「私の家」をめぐる幻想は、住宅ローンによって一生を会社にしばられるサラリーマンと、家に閉じ込められた専業主婦を生み出しました。

ぼくの20世紀批判も、コンクリートのモダニズム建築批判も、すべての始まりはぼくの母親の姿にあります。家で一人、淋しくしていた母親です。

母親は父親よりずっとバランスがよく、賢いと思える人でしたが、専業主婦の役割を与えられた彼女は家と家族にしばられ、ときに淋しそうに、ときにつまらなそうに一人ぼっちで家にいました。日曜に父親だけが楽しげにゴルフに出かける姿を見ながら、ぼくは、本当にバカらしいな、くだらない家族だな、とずっと思っていました。

母親の楽しそうな顔を見るようになったのは、彼女が一大決心をして、外で働き始めてからです。「忙しい、忙しい」とぶつぶつ文句をいいながらも、いきいきと仕事に出かける様子を見て、ぼくは初めて安堵《あんど》を覚えることができました。この母親の存在が、ぼくの建築の原点です。

母親が淋しそうだっただけでなく、実は父親も淋しそうだな、ということもずっと感じていました。

ぼくの父親は明治生まれの人間でした。もとより明治の「強い」父親だったわけですが、幼いころに父を亡《な》くしていた人でしたので、父権的なプレッシャーを自分が受けていない分、純粋に父権的で、かわいげのない人でした。

彼の中には「○○かくあるべし」という定義があり、それはものごとにも、息子であるぼくにも厳格に適用されました。たとえば話し方一つをとっても、滑舌《かつぜつ》の悪いのはダメで、子供のぼくは父親の前で「アエイウエオアオ」と、アナウンサーの発声練習のような訓練を課されたんです。

話のわかる新時代のスマートなお父さんとはかけ離れた存在で、学生時代に車の運転免許を取りたいと伝えたら、即座に「とんでもない！」。子供のころからものすごく厳しくしつけられたから、父親にガンといわれると、抗弁も口答えもできません。こちらのいい分を通すためには、レポートを書いて、その正当性を示さねばならないのです。「遊びのためではなく、学業に必要である」ということを、それこそ学校のレポートどころじゃないほど真剣に書きました。

服装に関しても、素材から仕立てから装《よそお》い方まで、定義がありました。同じ綿100パーセントのシャツでも糸や織によって違いが出ることとか、ツイードの番手とか、服装に関する教養は父親から仕込まれたものです。「素材」「物質」にこだわるあたりは、ぼくも父親の血を受け継いだのでしょう。父親は三菱金属という、まさしくマテリアルを扱う会社のサラリーマンでした。

父親は若いころからデザインも好きで、機嫌のいい晩には、小さな木製の煙草《たばこ》入れを高い棚の上の方から下ろしては、自慢をしていました。「これはブルーノ・タウトっていう、すごい建築家がデザインした箱なんだ」と、自慢話を何回聞かされたかわかりません。それは20代の父親が、銀座にあったブルーノ・タウト本人が開いていた小物の店で、安い給料にもかかわらず、無理をして買った宝物だったそうです。

余談ですが、タウトとぼくは後にお話しするように、後日、一つの建築をめぐって不思議な縁を結ぶようになります。タウトも実は専業主婦のことが大嫌いで、「私の家」をどうやって解体するかを書いた、ポストアメリカの新時代の預言者のような建築家でした。

今、振り返ると、父親は家族に対して、息子に対して、どうコミュニケートしていいか、わからなかったのでしょう。本当はもっと通じ合えたはずでしたが、向き合う相手とフラットな関係を結べず、息子に対してはひたすら抑圧的に接することで、不器用に愛情を表していたのかもしれません。

もっと淋しいサラリーマン

そんな父親を、ぼくは淋しいと感じていました。その淋しさの根底にあったのは、20世紀という淋しい時代に、サラリーマンという人生を選択したことだったのではないか、と後年、思い当たるようになるのです。

サラリーマンという新しい階層のために、郊外という場所を用意して、そこに「私の家」を建てさせて、奴隷《どれい》のように働かせようというアメリカ発の「大発明」が、一番効いてしまった日本。そんな日本は21世紀にきて、いよいよサラリーマン社会の極北に行き着いている感がします。実際、日本で仕事をしていると、フラストレーションがたまります。

なぜかというと、都市や建築に関わる人の考え方までが、サラリーマン的なマーケティング主義に染まってしまっているからです。ぼくがいう「サラリーマン」とは、会社員そのもののことではありません。ある組織の中で、「とにかくリスクを取らない、取りたくない」という姿勢に染まっている人のことです。「私の家」を背負わされたサラリーマンにとって、ローンの返済計画の狂いは即、人生の破滅につながる恐れがあります。そんなサラリーマン的なメンタリティが蔓延すると、建築プロジェクトに際しての優先順位でも、リスク回避が第一になっていくのです。

一例を挙げてみましょう。日本のいわゆる分譲マンションでは、心地いい漆喰《しっくい》の壁はおろか、ペンキ仕上げの壁や、無垢《むく》材の床板といったものは、ほぼ見当たりません。なぜかというと、壁に生じた少しのひびでも、大クレームの的になるからです。

たとえばペンキを壁に塗ると、必ずクラック（割れ、ひび）が生じます。買い手にしたら、「自分の買ったマンションの壁にひびがあるということは、何か重大な手抜き工事をしたのではないか」となり、売り手がいくら「表面のボードに塗ったペンキが割れているだけですよ」といっても、「その奥まで全部割れているんじゃないか」と、疑心暗鬼が止まらなくなります。それが高じて、「マンション全体を建て直せ」と買い手にいい出されたら、売り手はもう抗弁できない（笑）。

そのリスクを回避するために、どうするか。マンションにはビニールクロスしか使わない、ということになります。ビニールクロスだと、クラックが入らないからです。

壁だけではありません。たとえば壁の下には「幅木」というものがあります。その幅木と床の隙間《すきま》が3ミリだったり、1ミリだったりしたら、それもクレームの種になります。売り手は、クレームをあらかじめ封印するために、その隙間は名刺一枚の幅にする、という一律の基準を設けます。こう決めたら、名刺が二枚入ってもだめだし、名刺が入らなくてもだめ。検査のときは、施工関係者が床にかがんで、名刺を幅木と床の間に通してチェックしています。

ばかばかしい光景ですが、サラリーマン的発想からしたら、自分の会社が作ったマンションでお客からのクレームが発生して、手直しの工事が必要になったり、赤字を出したりしたら最悪なのです。お客の方も、自分の一生をかけて住宅ローンを組んだマンションにひびが一ヶ所でも入っていたら、それだけで「俺の人生を返してくれ」となります。まさにお客も作り手も、両方とも「サラリーマン」という神経質な鬼と化していくのです。

役人は海岸にも手すりを付けたい

日本では、サラリーマン化社会が進む一方で、役人の融通のきかなさも進行しています。なぜなら役人こそ、究極のサラリーマンだからです。

「長崎県美術館」（2005年）を設計したときの話です。敷地の真ん中には運河が通っていましたが、運河の管轄《かんかつ》部署から来た要求は、運河に子供が落ちないように、高さ1メートル10センチの縦格子を10センチ間隔で付けなさい、というものでした。運河沿いに1メートル10センチの手すりを付けたら、子供は落ちないかもしれませんが、親水性も景観もへったくれもありません。ヴェネチアの運河に全部手すりを付けたらどうなるか、日本中の海岸線すべてに、1メートル10センチの手すりを付けるのか、という話ですよね。

その無茶苦茶な難題をどうクリアしたかというと、運河の手前に緑地帯を設け、その緑地帯の幅と手すりの高さを合計すると1メートル10センチになると説明して、運河沿いの手すりは何とか景観にさわらない程度に低くできたのです。

低くなったとはいえ、建築家の本心として運河沿いに手すりなど付けたくありませんでした。ただし、そこにできた低い手すりが、何かあったときの役所側のアリバイになるんです。そういうリスク回避が日本全国、いたるところに蔓延し、いっそうエスカレートしています。

国内でのクライアントは、役人も含めて九割が「サラリーマン」ですが、世界的に見ると、建築のクライアントが「サラリーマン」である率は圧倒的に少ないんです。建築というものには、大金がからみます。サラリーマンに大金を渡すと、昔の成功例をコピーするだけなので、結局、失敗します。高度成長の時代には、成功をコピーすれば成功するという図式も成立しましたが、情報が一瞬に行き渡る21世紀の世界では、昔の成功とは即、今の失敗なんです。

北京や香港、シンガポールなど、躍進するアジアの諸都市に比べて、日本の都市に魅力がないのは、サラリーマン的メンタリティによるリスク回避のせいです。

現場のない人たち

養老孟司《たけし》先生と対談をしたとき、先生が「サラリーマンとは現場のない人のことだ」とおっしゃったことが、印象に残りました。先生のようなお医者さんの世界では、患者さんの病状はそれこそ千差万別です。それなのに、そこにサラリーマン的な一律の管理体制が敷かれて、現場での裁量権が制限されると、患者さんにとっては地獄です。そのねじれた状況は、まさしく建築の世界でも同じです。近年の日本の建築のつまらなさを考えるとき、現場から権限が奪われていることも、大きな要因の一つなんです。

建築の現場ではかつて、「現場所長」という人が権限を持っていました。現場所長はサラリーマンではなく自営業的な存在で、複数の現場を持っていました。それによって、こっちの現場では貸して、あっちの現場では借りて、と、赤字と黒字を全体でうまく調整し、この現場は少しいいものを作ろう、この現場は儲《もう》かる現場にしようと、メリハリを利《き》かせながらコントロールできていたのです。

しかし、リスク管理が建築でも一義にされ始めたころから、現場の権限はどんどん奪われていくことになりました。今の現場所長は完全にサラリーマン機構の中に組み込まれ、現場での裁量権も奪われてしまっています。ある単体の現場で赤字を出したら、もう出世できない仕組みになってしまっているのです。

さらに、日本も本家のアメリカと同じに、あらゆる方面でセキュリティへの要求が高まる管理社会化が進んで、建築の世界も訴訟社会へと向かっています。たとえばアメリカのお医者さんは、患者から訴えられたときのために、とんでもなく高額な保険に入っています。建築家も同じで、ある建物で誰かがケガをしたりしたときに、設計に落ち度があると認定されると、一生モノの傷を負うようになってきています。アメリカで医師が医療ミスの補償のために高額な保険に加入することが義務付けられているように、日本以外の国では、建築家も保険に加入することが標準になりつつあります。建築家が設計ミスを補償する保険に加入していないと、クライアントが契約してくれなくなっているのです。

それでも、まだ日本がアメリカのようにならないのは、ゼネコンという存在が建築家の責任を肩代わりしてくれる慣例が残っているからです。保険に入っていない建築家のデザインで、もし雨が漏るとか、人がケガをするとか問題が起こっても、代わりにゼネコンが何らかの形でその補償をすることが多い。

だったら、建築家にとって日本は安心で、いいところじゃないですか、と考えられがちですが、それはまた早計なんです。責任を取る能力のない日本の建築家には、「監修者としてアドバイスだけしてください」といった、まるで子供扱いのようなオファーが来ます。それを受け入れると、結局いつまでたっても子供扱いからは逃れられず、責任が問われる世界規模のプロジェクトからはどんどん排除されてしまいます。

「ともだおれ」を見直す

「アメリカンドリーム」「コンクリート」「サラリーマン」と、20世紀を規定した三つから逃れたいという気持ちで、自分なりの建築を探し続けてきました。でも、そこから逃れるのは本当に大変です。

たとえばマンションの床や壁に本物の木を使おうとする。木は経年変化で質感が変わっていきますから、一定の手入れが必要になります。それも短期ではなく、二十年、三十年のスパンで面倒を見ていかなければなりません。でも三十年後といったら、マンションの施工担当者や販売担当者はサラリーマンを辞めている。下手をすると、十年でもう当事者はいなくなってしまう。そんな状況の中で、十年たっても木の板に段差ができちゃいけません、というのが日本の今の社会です。2ミリの段差があったら、それはもう欠陥住宅だという社会なのです。

果たして2ミリって、段差というのでしょうか。確かに2ミリの段差に人がけつまずいて、ケガをすることはあるんです。ぼくは、そこを無視しようとしているわけではありません。問題は、だから床は本物の木など張らないで、均質なビニールシート張りにしましょう、と解決が一律に決められてしまうことなのです。

2ミリぐらいの段差なら許容するから、気持ちいい建物を作ってください、というクライアントが日本にはいなくなりました。そういう「大きなともだおれ関係」を作ることができないと、決していい建築はできません。

建築家の立場からいいますと、施主が本当にともだおれする気持ちになってきたら、こちらも悪いことは絶対にできません。施主と建築家は、場合によっては非常に長い付き合いになります。十年、二十年がたったときに、施主から「あいつとは口も利きたくない」と、思われたくなんかありません。建築家の務めには、建物の設計だけではなく、十年後、二十年後も施主と互いにいい関係を築いていくことも含まれます。相手と前向きなともだおれ関係を構築できるかどうかは、建築家の手腕の一つでもあります。

しかし、お話しした通り、日本はなかなか、ともだおれ関係が成立しない社会になってきています。そういうと誤解を呼びそうですが、「サラリーマン社会化」が進み、リスク管理が浸透するとともに、建築のデザインもどんどん保守化して、丹下健三さんの時代のような輝きが日本の建築界からまったく失われてしまいました。

建築の価値とは、そのリスクをわかった上でやるかどうか。そこにしかないんです。施主と建築家がともだおれを覚悟した先に、時間軸に耐えうる建物はできるし、それが歴史となって、その場所の価値を作っていくものなのです。どうしたら、そのことを世の中にわかってもらえるのか、悩み続けています。

第4章 反・20世紀

バブルで浴びた大ブーイング

「アメリカンドリーム」「コンクリート」「サラリーマン」を否定しながら、自分の建築を模索する道は、格闘といってもいい。そこからぼくは、「場所」という、一つの言葉にたどり着くようになりました。「場所」は20世紀アメリカ流の大量生産が、もっとも苦手としていたものです。

20世紀は建築の世界も大量生産、大量消費の原理に則《のっと》り、誰にでもウケる建物を作って、それを世界中にばらまけば儲《もう》かる、という考えが主流になった時代でした。そのおかげで、一部の特権階級だけでなく、多くの人たちが建築というものに触れ、あるいは所有し、そのメリットを享受《きょうじゅ》できるようになったことは確かです。

そんな20世紀の最後をリアルタイムに生きながら、ぼくは「反・20世紀」的な建築というものを、ずっと考えていました。どこにでも通用するのではなく、その場所でしかできない、際立《きわだ》って特別な建築を作ること。それこそ、次に求められる建築家の行為なのではないかと感じていたのです。

時代を再び遡《さかのぼ》ります。ぼくが東京で建築設計事務所を始めたのは1986年です。その前年にニューヨークに一年住んで、勉強して帰ってきたら、東京がバブル景気であまりに忙しくなっていたので、びっくりしました。個人の事務所を開いて間もないぼくにも、オフィスビルやマンションの仕事がどんどん入ってきました。

そんな折、『10宅論』を読んで面白かったからと、博報堂のプロデューサーがぼくをたずねてきました。「自動車メーカーのマツダの新規プロジェクトのコンペティションで一緒に組みませんか」ということで、彼らとすっかり意気投合したぼくは、「やりましょう」と、そのコンペに臨んだのです。プロジェクトは、ロードスターなどマツダ社内での、とんがった車のデザイン部門を「M2」と名づけて、ショールームも兼ねた拠点を、東京・世田谷の環八通り沿いに立ち上げる、というものでした。コンペに無事通って「M2」が完成したのが1991年です。

設計に費やした期間は、まさしくバブルがピークに向かって高揚している時期。巨大な吹き抜けを持ったオフィスビルや、過剰な装飾の商業施設が街に次々と登場して、東京中が喧騒《けんそう》に包まれていました。そんな東京のカオス（混沌《こんとん》）をぼくなりのやり方で現代建築に翻訳しようとしたのがM2でした。ガラス張りのクールでモダンなハコかと思いきや、中央をイオニア様式の巨大な柱が貫いて、その中をむき出しのエレベーターが上下するというカオス。それは、歴史の復活を大真面目《おおまじめ》で唱える80年代の復古主義的ポストモダニズム建築への、意地の悪い批評でした。

しかし、ぼくの意図した皮肉は、まったく世の中に伝わりませんでした。M2は激しいブーイングにさらされ、「バブルの象徴」と、ぼくからすれば見当違いの批判を盛大に浴びることになります。建築界のモダニストたちにとっては、歴史的ボキャブラリーを脈絡なく多用する建築はもっての外だったし、ポストモダニストたちは、自分たちの歴史回帰が茶化されたと感じたし。ということで、どちらのサイドからも敵視されました（笑）。

そのせいで、バブル崩壊後は東京での仕事はまったくなくなりました。本当に声すらかからなくなりました。以後、「ADK松竹スクエア」（2002年）にいたるまでの十年間、東京のプロジェクトはゼロです。

右手がダメになった

その直後に、病気やケガが続きました。その極めつきが、利《き》き手である右手をケガしたことです。

その日は、夜に予定されていた講演会の準備をしていて、スライドがうまく集まらずにイライラしていました。そして、電話が鳴って、受話器を取ろうとガラステーブルに右手を思い切りついた途端に、テーブルがすぱーんと真っ二つに割れたんです。「あれ？　右手が消えた？」と、あわてて右手首を見たら、ざっくりと切れた傷口の奥に白い骨がのぞいていました。

救急車で運ばれた先の病院では、全身麻酔の中で四時間をかけた手術が行われました。幸い動脈は切れていませんでしたが、そのほかの筋や神経はすべて、すっぱりと切断されていました。そのテーブルは、自分で簡単な足を作って、その上にガラス板を渡したものだったので、誰の責任にもできやしない。しかも、このときの手術では、人差し指と中指の筋を間違ってつなげられてしまったのです。これが本当の筋違い(笑)。右手は二ヶ月たっても、思うように動きませんでした。

しばらくしてから、手にかけては日本一という外科医をたずね、今度は六時間に及ぶ再手術を受けました。筋は何とか元に戻りましたが、右手を自由に動かしたいのなら、退院後に一日八時間、リハビリ器具を使った指の伸縮運動が必要ということでした。それでぼくは、リハビリをあっさりとあきらめました。なぜかというと、身体の一部が不自由になったことに、ぼく自身が解放を感じていたから。右手がうまく使えなくなったことで、自分の身体がより野生に、より原始的状態に戻れたと、勝手に解釈しました。

不自由になったのが利き手である右手だったことは、ぼくにとってむしろ好ましいことでした。右手が不如意《ふにょい》なら、その不如意をうまく利用しようと考えて、それ以後はテニスもゴルフもスケッチも、右手を使うことは一切あきらめました。実をいえばスケッチにはいささか自信を持っていて、それまでは右手がどんどん勝手に動いて、形を自由自在に作り出していたのです。でも、スケッチでできることなどは、しょせん建築のシルエットをいじったりするぐらいのもの。なのに、スケッチを描いていると、自分が建築のすべてを主体的に、自由に決定しているかのような錯覚に溺《おぼ》れてしまう。そういう類《たぐい》の錯覚に溺れることほど、設計者として恥ずかしいことはありません。

右手は能動的な主体の象徴です。建築のスケッチを右手でスラスラ書いて、世界を思うがままに作り出す。そういう錯覚は、右手によって与えられます。しかし、右手が動かないと、スケッチは前みたいには描けない。右手が不自由になって初めて、自分が能動的で、賢く、素早い主体から、環境に対して受動的な、ゆっくりとしたゆるい存在へと、カフカ的な「変身」を遂げたように感じられました。主体と身体が分離したことで、初めて身体を実感することができるようになったのです。

その「変身」が、実はちょっとうれしかった。以前、彫刻家のジャコメッティが、「自分はケガをして身体が不自由になって、本当にうれしかった」と書いていた文章を読んだことがありましたが、彼のいいたかったことがわかりました。受動的な存在になると、いろいろなものごとに対して、感覚を開くようになるのです。たとえば建築の敷地に行ったとき、以前のぼくだったら、ろくに敷地も見ないでスケッチを始めていたかもしれません。でも、ケガ以降のぼくには、いろいろなものが聞こえ、見えてくるような気がしてきたのです。

右手は今でも自由に動きません。感覚があるのは半分くらいで、他人のものみたいです。それで、建築を発想するときは、とにかく不自由になってしまった身体を、敷地にどさっと置いてみます。おっちょこちょいで早飲み込みの右手がどこかへ行ってくれたおかげで、その場所が発する声や気に、耳を澄ませたり、目を凝らしたりすることができます。そうして身体を置いたまま、待ち続けるのです。待って、待って、待つうちに、やがて空間が立ち現れてくるようになったのです。

身体が少し変わったぼくは、やがて、早く東京を出たくてたまらないと思うようになりました。東京という小さな「村」の中で、建築家仲間で互いの悪口をいい合う煮詰まった空気が、我慢できなくなったのです。

地方とはヒダのこと

東京で仕事がなくなった90年代は、失意の日々かと思いきや、その十年はものすごく実りの多い時間でした。都会で仕事がないのなら、このときにこそ、地方を歩こうと思って、自分の事務所運営なんかおかまいなく、取材とか講演とか理由をつけて、地方へしょっちゅう出かけるようになりました。楽しかったですね。

もともと自分の中には、「地方」に対する憧《あこが》れがありました。東京から行きにくいところほど、魅力がありました。だから東北と四国によく行きました。どちらも山の中に谷がヒダのように存在している土地です。ぼくにとって地方とは、要するに「ヒダ」のことなんです。

ぼく自身は横浜の大倉山という郊外の育ちで、その後はずっと都会で過ごしてきたけれど、子供時代に、伊豆半島の先端にあった叔母の家に行って海水浴をしたり、信州の山奥にある親戚《しんせき》の家に遊びに行ったりしたときが、一番充実した時間でした。農業をしている親戚のおじちゃんたちの持っている迫力、説得力というものは、うちの父親や、その友人たちの周りに漂っているサラリーマン的、人工的な空気感に比べて圧倒的に強かった。本当に地面に足を着けて生活しているな、と憧れの存在でした。

田舎の人たちへの憧れや尊敬が自分の根っこにあって、地方を旅行しているうちに、今度は愛媛県の「亀老山《きろうさん》展望台」、宮城県の「森舞台／登米《とよま》町伝統芸能伝承館」など、一連の仕事が始まりました。

見えない建築

「亀老山展望台」（愛媛県今治《いまばり》市・1994年）

東京から見捨てられることと、ときを同じくして、今度は地方から「相談に乗ってほしい」という声がかかり始めました。愛媛県の大島にある吉海《よしうみ》町（当時、越智《おち》郡）

の「亀老山展望台」は、地方で手がけた仕事の第一号です。

大島は今治から車で一時間走って、フェリーに乗って三十分の島です。「村上水軍」の発祥地といわれていて、瀬戸内海でも島が一番多い地域です。水軍が拠点にしていたというぐらいですから、隠れ家的な「ヒダ」が多くて、魅力的でした。

当初、発注主である吉海町長（当時）からの要請は、「町のモニュメントになるような目立つ展望台」でした。最初は木や石、ガラスを素材にしたモニュメントを考えてみたのですが、これが自分の中ではどうもしっくり来ない。だったら、山の中に展望台を埋めてしまったらどうだろう？　そう考えた途端にやる気が出て、やおら図面を描き始めました。

写真Ａ（１３９頁《ページ》上）は、ぼくが一番気に入っている写真です。ほとんど建物が見えません。どこが建築なんだ、といわれそうでしょう（笑）。山の上から見ると、コンクリートの建築ということがわかりますが、下の入り口から人間の目で見ると、細い切り込みのような階段しか見えません（１３９頁写真Ｂ）。町長の要請とは真反対に、周囲の中で「目立つ」のではなく、「ひたすら目立たない」ということを追求したのです。最初にこの案を町長に見せたとき、彼は「うーん」と唸《うな》ったきりになってしまいました。

「亀老山展望台」〈A〉（愛媛県今治市、1994年。上空から）

「亀老山展望台」〈B〉（同上。復原した植栽にうがたれた切り込み階段）

その細い切り込みの階段が、展望台への入り口になるわけですが、初めは地下にもぐっていくような感覚なので、来場者は「なぜ?」と不思議がります。しかし、階段を上りきると視界がぱーんと開けて、「ああ、ここは展望台だったんだ」と、驚きをもって景色を発見するわけです。

「目立つモニュメント」という町長の要望に対して、ぼくが出した案は「見えないほうがいいんですよ」という正反対のものでしたが、町長は最終的にぼくの案を通してくれました。建物とは、関係者の自己主張のためでなく、周囲の自然のよさを生かすために存在する。都会では決してできないことを、亀老山展望台という場所で実現できたのです。

見えない建築の進化

「水/ガラス」(静岡県熱海市・1995年)

熱海で手がけた企業のゲストハウスの「水/ガラス」では、ガラスや鉄という近代的な素材を使って、海と人間をどうやったら一つにできるかを、一所懸命になって探りました。(141頁写真)

「水／ガラス」(静岡県熱海市、1995年。遠景の海と近景の水盤が融け合う)

この建物には、建築の設計とは別に忘れられないストーリーがあります。

設計を依頼されて敷地を見にいったとき、隣りの家の管理人を務めているご婦人から「お宅、建築の専門家なの？ だったらウチを見ていってくださいよ」と、声をかけられました。そのお隣りの家の外観は、普通の伝統的な木造の二階建てです。ところが婦人の後について、母屋《おもや》から下に続く傾斜の急な階段を下りていったら、目の前にある太平洋の眺めと部屋が一体となるような、不思議な木造の広間がありました。それこそが何と、知る人ぞ知るブルーノ・タウトの作品だったのです。

この木造家屋は、貿易商だった日向《ひゅうが》利兵衛《りへえ》という人物が熱海に作った別荘で、崖《がけ》の斜面の庭の地下に、ちょっとした社交用の部屋がほしいということで、日本を訪れたタウトに依頼したものでした。

ブルーノ・タウトは母国のドイツでは非常に有名な建築家で、日本でいう公団住宅のような公共の集合住宅も多く手がけて世界的な評価を受けていました。ところが1933年にナチスドイツが政権を取ると、共産主義者と目されるようになり、逮捕から逃れるためにアメリカに渡ろうとします。経由地だった日本で、京都の桂離宮《かつらりきゅう》を見学したときに、タウトは大きな内的転換を得ます。「今まで自分は、環境と建築とは対立するものだと考えていたが、桂離宮は環境と建築が同化する考えで作られている。これこそ理想とする建築だ」と、有名な桂垣を前に、彼はポロポロと涙を流したそうです。

そのころ、日本を含めて世界の建築はモダニズム全盛で、コンクリート製の白い豆腐のような建築が大流行していました。そんな時代にタウトだけが、全然違うことを考えていたのです。

水／ガラスでぼくがやりたかったことは、自然と建築を融合させることです。材料はガラスや鉄という近代的なものですが、その奥にあるのは、海と人間と建築を、どうやったら一つにできるか、ということ。そこにあるのは「オレが、オレが」という建築家の自己主張を超えた、環境と建築の親密な関係性です。

予算がない＝アイディアが出る

「森舞台／登米《とよま》町伝統芸能伝承館」（宮城県登米市・1996年）（145頁写真）

登米《とめ》市登米《とよま》（当時、登米《とよま》郡登米町）は、宮城県の北上川の上流にあります。この町ではメンバー六十人の「謡曲会」が、伊達《だて》政宗が始めたといわれる「登米能」の伝承に努めてきました。公演はずっと中学校の庭で行ってきたのですが、いつかは自分たちの能舞台を持ちたいというのが、会員だけでなく町民みんなの願いでした。その願いをもとに、一億八千万円の資金がたまったところで、ぼくのところに相談がありました。

当初、ぼくは、「そのくらい予算があればできるだろう」と甘く考えていました。ところが、資料をいろいろ調べてみたら、能舞台には通常は五億円ぐらいの予算が必要だ、ということがわかりました。血の気が引きましたね（笑）。

建築設計には毎回、苦労が付きものです。中でもお金をめぐる苦労から逃れることはできません。建築家という職業は、自分の中の創造性やその腕力を限界まで試されるものですが、同時に常に予算と闘う宿命があります。

最近の能楽堂は、大きな建物の中にステージセットのように舞台を作ります。安い木材を使っても、その「約束」を踏襲したら、五億円を一億八千万円にはできない。そこで、思い切ってステージセット型をやめて、オープンエアの能舞台にしようと発想したのです。

周囲の森を一番の舞台装置に見立て、空調は一切やめる。それから使う材木も地元産の節のある安い木でいいじゃないか、と、既存のルールに縛られずにトータルで一億八千万円を目指しました。

今、振り返っても、涙ぐましい(笑)。たとえば細かい話ですが、この能舞台からは「腰」もはずしました。腰とは、舞台の下に付いている小さな壁のことです。腰のない能舞台とは、本来あり得ないものなのですが、いろいろと文献を漁《あさ》っていく中で、腰のない能舞台を発見しました。水上の能舞台です。登米の能舞台も水上能舞台とみなせばいいと、舞台の下に黒い砂利を敷いて、それを水面に見立てました。

腰を取ったら、百万円近いお金が浮きました。さらに、砂利です。普通、能舞台に敷く砂利は色が白いんです。でも、白い玉砂利は値段が高い。砂利の中で一番値段が安いのは、コンクリートに混ぜる黒い砕石です。「よし、ここは砕石だ」と、思い切

「森舞台／登米町伝統芸能伝承館」（宮城県登米市、1996年。舞台の下に敷いた黒い砂利を、海に見立てた）

って一面に敷いてみたら、逆にみんなが「この黒さがいい」と感心してくれました。そのとき、「予算がないから使いました」とは二度というまい、「黒にしたくて使いました」といい通すことにしようと思いました（笑）。

森舞台には能舞台だけではなく、その隣りに資料室も作って、登米能で使われる面と衣装を飾りました。するとここが町の観光スポットになって、観光バスが停まるようになりました。

今、資料室といいましたが、そんな部屋を作る予算だって、そもそもありませんでした。実はこの場所は楽屋なのです。公演がないときは楽屋が資料室になり、能の練習もここで行われています。一部屋三役です。そのようにお得な方法をとことん考えました。

お金の苦労には毎回打ちのめされます。ところがいざ、仕事にとりかかり、「こんな安い値段でここまでできた！」という快感のトリコになってしまうのです。何だか相手の思うツボですが（笑）、制限の中で作ろうとするから、知恵が生まれ、建築が鍛えられて美しくなると、ぼくは確信しています。

石を使い尽くす

「石の美術館」（栃木県那須《なす》町・2000年）

「石の美術館」（147頁写真）は公共のものではなく、栃木県の小さな石屋さんが作った私設の美術館です。立地は那須町の芦野《あしの》というところで、昔は奥州《おうしゅう》街道の宿場町でした。その芦野で石材業を営んでいる白井伸雄さんが、あるとき二束三文で売りに出ていた古い石蔵を衝動買いしてしまい、そこを芦野石の美術館にできないか、と思いついてぼくのところに相談に来たわけです。ここもまったく予算がないということで、最初は「石蔵の内装をお願いします」という地味なお話でした。

しかし、この石蔵を見に芦野に行ったとき、ぼくは内部ではなく、石蔵の間にある

「石の美術館」(栃木県那須町、2000年。石屋さんの私設美術館。石格子の間からもれる光が美しい)

空間に、一番魅力を感じてしまったのです。頭の中にイメージがパーッと湧《わ》いてきました。この敷地に農業用水を引いた池を作り、そこにいくつかの小さな石の建物を点在させて、池の上を回遊するような美術館にしようと、ひらめいたのです。

予算を絞るために、ガラスなどの通常の建築材を一切使わずに、全部石で作ることを決めました。石屋さんなので石だけはタダで使えるという話でしたし、また自前の職人さんもいたからです。

随所に石の面白い技術を使うことにしましたが、その一つが、石を薄く切って積み上げて作る「石格子《いしごうし》」の発明です。石格子は、石の間に空気が通る空間を軽やかに開けていくやり方です。西洋人にはこういう発想はありません。彼らは石をみっちりと重く積みます。その意味で風や光を建物に通す石格子は、日本の風土ならではの繊細な技術です。

ほかにも、窓ガラスの代わりに、捨ててあった白い大理石を6ミリの薄さに切って嵌《は》め込む手法に挑戦しました。この薄さだと外の光が中まで入ってくるのです。これはぼくのオリジナルではなく、昔のローマ人が考えた技術です。古代ローマではガラスが高値だったので、ローマ風呂《ぶろ》の窓には、薄い石が嵌められていたのです。

職人さんたちは当初、「こんな面倒くさいことはやったことがねえ」と嫌味をいいましたが、途中から面倒な仕事にも慣れ、一緒になって取り組んでくれて、作業のスピードも高まりました。それでも四年かかりました。四年という時間は、小さな建物群では異例の長さです。工期は四年、建設費は約五千万円。自分でいうのもなんですが、五千万円で美術館ができるなんて、普通はあり得ません。職人さんの手間賃は計算に入れず、ぼくも途中からボランティアの気持ちで、時間と手間をつぎ込みました。

こんなに手間がかかって大変だった仕事はありませんでしたが、そうするといいこともあるもので、2001年にイタリアの石の国際建築賞である「インターナショナル・ストーン・アーキテクチャー・アワード」をこの建物群が受賞して、イタリアでも話題になりました。ぼくが石格子で意図した日本の文化の繊細さと、石を積むという本場ヨーロッパの伝統が合わさった、という評価は素直にうれしかったです。

やがてライトの建築につながる

「那珂川町馬頭広重美術館《なかがわばとうひろしげ》」（栃木県那珂川町・2000年）

石の美術館からそう遠くない栃木県の馬頭町（現在は那珂川町）に、歌川広重の美術館を作りました。馬頭は栃木県の中でも非常に行きづらい場所で、宇都宮駅から車で一時間くらいかかります。別に広重ゆかりの土地というわけではないのですが、栃木県出身の実業家が収集した広重の肉筆画コレクションをもとに、当時の馬頭町が広重の美術館を作ることになって、ぼくがコンペで選ばれました。

広重の画では、「名所江戸百景」の「大はしあたけの夕立」が一番好きです。縦長の画面の下三分の一のところに、隅田川に掛けられた新大橋が描かれ、画面の上から斜めに雨の線が幾重にもさあーっと入っている。構図の美しさもさることながら、夕立が降り注ぐ描写が秀逸で、川面《かわも》を打つ雨音や、雨の匂《にお》いまでもが伝わってくるようです。

ここにある雨の描き方は、西洋絵画の研究家からいわせると、ずいぶん特殊なのだそうです。ぼくら日本人は「雨は線だろう」と普通に思いますが、ヨーロッパで雨を線で描いた画家は19世紀末までいなかったというのです。それまで雨はどう描かれていたかというと、「もやもや」という感じだったんです。確かに英国の風景画家、ターナーの嵐の絵などを見ても、雨が線で描かれているわけではありません。

雨を直線で表すという感覚は、日本人独特のもので、なおかつ、直線の向こうに橋や川など、いくつかの風景を重ねることで、広重は日本の風土を表現しました。つまり広重の画の中では、自然と人間とが対立せずに、重なり合っているのです。広重美術館（151頁写真）では、その重なりを木の格子の重層で表現しました。屋根も壁も徹底して木の格子です。

しかし、それはもちろん簡単ではありません。現在の建築基準法では屋根は不燃材で葺《ふ》かなければならないことが決まっていて、木を使うことができません。しかし、ぼくは、いくら前代未聞《みもん》でも、木格子の屋根という繊細さにこだわりたかった。そこで、雨に頻繁にあたっても腐らず、かつ燃えない木はないだろうか、といろいろ調べました。やっと出会ったのが、遠赤外線処理を施した杉材です。

杉は導管の中に弁があるので、不燃処理剤や耐久剤が中まで浸透しないのですが、

「那珂川町馬頭広重美術館」（栃木県那珂川町、2000年。裏山の杉を用いた格子で風土と建築を一体化した）

遠赤外線処理をすると導管の弁が飛んで、薬剤が詰まったパイプが掃除されるように、薬剤が中を通っていくのです。このような前例のない建築材料は、国土交通省の建築センターで安全性の実験をした後に、晴れて使用許可が下ります。実験の当日、激しい炎をあてられる杉を心配して見守りましたが、これが見事なまでにまったく燃えず、ぼくと関係者は胸をなでおろしました。

美術館の立地は里山のすそで、里山と建物との調和も重視しました。不燃処理以外は何の人工的な手を加えなかった無垢《むく》の杉材が連なる屋根なら、里山に〝融《と》けて〟いくはずだと考えました。建物が完成したとき、馬頭の人たちからは、「いつ工事は終わるんですか？　この上に瓦《かわら》を葺くんでしょ」とたずねられましたが、ぼくの答えは「いや、もうできてます」というもので、初めはびっくりされました。

材料は全部地元のものを使うということも、当初からのテーマでした。屋根に使った杉は裏山で採れたものです。馬頭の隣りにある烏山《からすやま》町（現在は那須烏山市）が和紙の産地だったので、美術館の壁には和紙を使いました。公共建築はいろいろと縛りがあって、たとえば「子供が和紙を破いたらどうするんですか」というように、町役場の人はすぐ建築家を責め立ててくる（笑）。もちろん、それは起こり得るので、対策を必死で考えました。表面を本物の和紙にして、その後ろにワーロン紙というプラスティックでできた人工の和紙を二重に張る方法を編み出しました。

これはまさしく、ちょっとした工夫です。でも、この「ちょっとした工夫」を惜しむと、コンクリートに素材を貼《は》り付けただけの、重苦しい建物しかできなくなってしまう。維持にも「ちょっと」手間はかかるけれど、「すごく」大変ではない。その折り合いをどうやってつけるかが、一番苦労するところです。

余談になりますが、この広重美術館がフランク・ロイド・ライトの建築に似ているといった人がいました。実はライトは広重の画のファンで、ボストン美術館の浮世絵コレクションは、ライトが大きな貢献をしたといわれるほど、彼は広重の画をたくさん収集しました。

ライトが日本に初めて触れたのは、1893年にシカゴで万国博覧会があったときです。宇治の平等院鳳凰堂《ほうおうどう》を真似《まね》て建てられた日本館を、まだ二十代だったライトが見る機会があり、それをきっかけに彼の建築は劇的に変わったのです。それまでライトの建築は、ヨーロッパの伝統を踏襲した重々しいものでしたが、シカゴ万博を機に、屋根が左右にすーっと伸びる感じの透明な建築――後世に「ライト風」と呼ばれるようになる独自の作風に変わったのです。

ライトの軽く透明な建築は、ヨーロッパの建築家たちに衝撃を与え、そこから刺激を受けたコルビュジエやミース・ファン・デル・ローエらが20世紀のモダニズムをリードしました。世界の建築を変えた現象のルーツをたどれば、平等院鳳凰堂があり、日本、アメリカ、ヨーロッパと国境を越えた文化の交流が、歴史の底に横たわっていることがわかります。この歴史について、日本人はもっと誇りを持っていいと思います。

成金手法の流行

ぼくがこの時期に「場所」にこだわったことと、建築の素材に傾倒した背景には、モダニズム建築への批評があります。

20世紀のモダニズム建築では、ピロティと呼ばれる細い柱で建物を持ち上げる手法が流行しました。そうやって地形という制約をなかったことにしたことで、自然との接点を失った20世紀建築は退屈な存在へと堕《お》ちていきました。逆に、「地形」の力を思い出させようとデザインしたのが亀老山展望台でした。

20世紀のモダニズム建築は、材料においても「自然」を無視しました。コンクリートで形を作って、その上に貼り付けるペラペラのテクスチャー（材料）のことを「素材」と呼び換えてしまったのです。この手法をコンピューター・グラフィックスでは「テクスチャー・マッピング」といいますが、石も木もすべてのナマな本来の「素材」は、薄いテクスチャーとしてコンクリートの上に貼り付けるだけのものになりました。この手法によって、建築の施工《せこう》は簡略化され、材料というナマモノからくる制約、トラブルは確かになくなりました。しかし、同時に我々は、環境を構成する最も大切なものを失ってしまったのです。

現場とは、環境（地形）、素材（物質）、予算（経済）の三つでできています。そして、人間という生物は、建築家に限らず、誰でもこの三つと闘いながら、現場の中を生きているのです。しかし、それをつい忘れさせる安易な仕掛けが世の中にどんどん発明されていく中で、いつのまにか現場から遠ざかり、生物としての力をも失っていくのです。

ぼくが材料の本当の面白さに気が付いたのは、先にお話しした「石の美術館」「那珂川町馬頭広重美術館」と、それに続く「那須歴史探訪館」（2000年）の三つのプロジェクトの体験を通じてでした。その三つをぼくは勝手に「栃木三部作」と呼んでいます。

後に「失われた十年」と呼ばれるようになる1990年代に、ぼくはこの三つのプロジェクトに集中して、栃木と東京を行ったり来たりしました。そして、その日々こそが2000年以降のぼくの基礎を作ってくれたのだと思っています。

話をもう一度当時に戻しますが、そもそも「石」という建築素材に対して、ぼくはそれほど大きな関心があったわけではありませんでした。それどころか、石貼りの建築というもの自体が、ウソくさくて、いやらしいとすら思っていたんです。19世紀以前までは、石の建築といえば、基本的には石の塊を積み上げて作る「組積造《そせきぞう》」のことを指しました。

しかし20世紀になると、コンクリートでまず形を作り、その上に厚さ2、3センチという薄っぺらの石を貼るというテクスチャー・マッピング型の手法が普及し、コツコツと石を積んで建物を作ろう、などという人はいなくなってしまいました。豪華に見せたいから、薄い石でお化粧をするわけですが、その行為がいかにもセコく、成金ぽい気がしていたのです。

20世紀の建築界を支配したモダニズム建築は、コンクリートや鉄といった、建築の「本体」を作るための工業素材に対しては、強い関心を示しましたが、石、木、土といった、それ以外の素材に関しては、本体への化粧として、あってもなくてもいい脇《わき》役《やく》にしてしまった。コンクリートや鉄をテーマに建築デザインを展開する建築家はたくさんいましたが、それ以外の材料に興味を示す建築家は変わり者と思われる雰囲気が、20世紀には醸《かも》し出されていました。そんな雰囲気に、ぼくも知らず知らずのうちに、染まっていたのかもしれません。

ですから最初に白井さんに会って、石蔵を見たときも、予算はないし、周囲はさびれているしで、とても前向きにはなれなかったのです。薄暗い石蔵の中でぼそぼそと話しているうちに、ぼくたち二人はどんどん元気をなくしていったのですが、最後に白井さんがいった、「予算は全然ないけれど、うち（白井石材）には二人、腕のいい職人がいるので、彼らのことは存分に使ってください」という言葉だけは、なぜか心にひっかかっていました。

東京に帰って一週間、毎日、白井さんと石蔵のことを考えました。するとそのうち、「石の職人と四つでタッグを組めるぞ」という言葉が、頭の中でぐるぐる回り始めたのです。東京の工事現場で石を使うときだって、現場に運び込まれるのは、厚さ2、3センチのペラペラに薄い「石」ですから、石の職人と接することはまず不可能です。だったらここは一つ、本気になって、石とその職人に向かい合ってみようか。「お化粧」として石を使うのではなく、石を積んだり、組んだり、編んだりする、文字通りの「石の建築」に挑戦してみようか。そういう気持ちが湧きあがってきたのです。

その後、すぐに白井さんに連絡して、職人さんと打ち合わせを始めました。職人さんは二人とも70代と聞いていたので、その点が少し心配だったのですが、初めて会った彼らの、その太く、しわだらけの黒い顔を見て、「この人たちとなら大丈夫だ」と確信を持ちました。

オレはいったい何をやっていたのか

それからは、「何でもいってください」という白井さんの言葉に甘えて、ありとあらゆる思いつき、注文、質問を彼らにぶつけていきました。たとえば「石でルーバー（格子）を作りたい」とか、「石をスキマだらけに、スカスカに積み上げたい」といった注文です。東京の工事現場でこんなことをいったら、「お引き取りください」と冷たく切り捨てられるか、あるいは「バカいってんじゃないよっ」と怒鳴られるかの、どちらかです。でも、芦野の石切り場の脇にある小さな工場で、白井さんと職人さんは、ぼくの注文に次々と応《こた》えていってくれました。おかげでぼくは、初めて素材というものと、裸になって向き合うことができたのです。石って、こんなに面白いものだったんだ、いままで建築を設計しながら、そんなことにも気がつかないで、オレはいったい何をやっていたんだろう――。

ぼくの事務所のスタッフはしばしば、「なんで、オレ、こんなつまらないプロジェクトやってんの」という顔をします。アイツはあんな面白いプロジェクトを担当してるのに、なんでオレのプロジェクトはこんなななの？　クライアントは趣味が悪くてケチで金はないし、敷地はつまんないし、面白い建築なんてできようがないぜ、という、ふてくされた顔です。

そんなとき、ぼくは石の美術館の話をします。石の美術館は後日、イタリアから国際的な建築賞を受賞しますが、スタートは、どこにでもあるしょぼい石蔵の、その内部にある「『棚』をデザインしてほしい」という程度のものだったのです。しかも、予算はほぼゼロに等しかった。

石の美術館で与えられた条件に比べたら、事務所でスタッフが取り組んでいるどんなプロジェクトも、天国みたいなもんです。実際、石の美術館は、すべてネガティブな制約をバネにしたおかげで、そこにしかない特別な建築となりました。だから「悪条件であっても、条件を生かせられないのは、クライアントのせいじゃない。すべて、オレとオマエのせいだよ」と、彼らをそこで一喝します。

人のせいにするのが上手な人は、そもそも建築という仕事には向いていません。敷地が悪い、クライアントの趣味が悪い、頭が悪い、金がない、近隣の住民がうるさい――人のせいにするネタは、無限に見つかります。でも、その「人のせい」がすべて、ほかにないユニークな建築作品を作るためのきっかけになる、ということが身に染《し》みてわかれば、状況は俄然《がぜん》、変わってきます。

若い建築家志望の学生からは、「どうやったら『素材』にめぐり合えるんですか」

という質問を受けることもあります。この質問に対する答えは、「素材の裏に人間がいる」、その一言に尽きます。

まず、現場に行って歩き回ることです。デジタル技術が進歩した今は、現場の映像をやり取りすれば事足りるという風潮もありますが、やっぱり現場に足を運んで、へとへとになるまで歩いてみないと、核心的なことは絶対にわからない。建築家は結局、身体感覚が一番の拠《よ》りどころです。

その「場所」がうっすらと身体《からだ》に染みてきたら、一歩踏み込んで人間関係を作る。知り合った人々と茶を飲み、酒を酌《く》み交わし、地域のことや名産品の自慢話を聞く。そうしているうちに仲間ができ、素材にめぐり合います。素材だけではだめです。仲間だけでもだめです。両者を手中にし、通い詰めるうちに、その「場所」に必要とされている建築が見えてくるのです。

90年代に日本の地方のプロジェクトで、ぼくはそうやって「場所」と自分をつなぐ方法を発見しました。そして、そこから今度は海外に広がった舞台で、さらに大きな制約にさらされ、揉《も》まれ、さらに「場所」をつかんでいったのです。

苦労、覚悟、挑発、開き直り

「竹の家」（中国・北京郊外・2002年）

万里の長城の麓《ふもと》にある「コミューン・バイ・ザ・グレート・ウォール」は北京の新しい世代のデベロッパーの、パン・シィとチャン・シン夫妻が、アジアを代表する建築家十二人を起用して開発した、当時の中国では珍しいプロジェクトでした。その十二人の一人として、ぼくが作ったのが、中国での出世作となる「竹の家」です。これが、日本の地方で手がけた仕事の次に、ぼくの転機となりました。

このプロジェクトの予算があまりにも小額だったことは第1章でお話しした通りです。

ともかくそれ以前は、当時の中国の建築については、いいイメージがまるでありませんでした。アメリカ、ヨーロッパで流行している建築スタイルの二流、三流のコピーが、その「場所」と無関係にニョキニョキと建てられている北京や上海の姿は、一種の建築的悪夢のように感じられましたし、施工の技術もひどいものでした。中国の施工会社は図面どおりに工事なんかしてくれなくて、図面と「似ているもの」が建ったら、それだけで喜ぶべきだという話も、先輩の建築家たちからは聞いていました。

それでも、プロデュースをした張永和が「これは今までの中国のプロジェクトとは全然違うんだ」と熱く語るので、「じゃあ、やろう」となったのですが、その後、クライアントから提示された設計料には、本当に唖然《あぜん》としました。金額は、渡航費など必要経費すべて込みで百万円ということだったのです。

その後、クライアントからは、「図面を数枚送ってくれたら、後はこちらがきれいに作るから心配するな」というメールが来ました。こちらの性分からいって、こういうオファーが一番アタマに来ます。

建築家をただのブランドとしてしか見ていない人たちが、よくこういう形でオファーをしてきます。そして、それに応じて数枚の図面とパース（完成予想図）だけ送って、後はさようなら、という建築家も実際にいるのです。日本のデベロッパーだってしばしば、こういう形で海外の有名（もしくは有名だった）建築家にオファーを出します。オファーを受ける建築家は、知らない場所で見知らぬ相手と仕事をするリスクが回避できるということで、過去の自分の作品を切り貼りしたスケッチを送り、その引き換えに小切手をもらってオシマイ。後はせいぜい竣工式《しゅんこうしき》の招待旅行に奥さん連れで出席し、コピー&ペーストの自分の作品の前でチヤホヤされるだけ。

建築家がブランドの一種だと考えられていた1980年代なら、こうしたやり方がまだ通用したかもしれません。しかし90年代の半ばからはもう、こんな方法は通用しなくなっています。インターネットによって情報の速度、密度がケタ違いに上り、また海外と自由に行き来できる人が増えて、どこかで見たことがあるようなナントカ風建築なんて、誰も興味を持たなくなっています。

万里の長城のプロジェクトでも、ぼくらは数枚のスケッチでお茶を濁すなんて、まっぴらごめんでした。その場所の地形と格闘し、その場所の材料と職人と、がっぷり四つに組んだ相撲をしなければ、それまでの「隈研吾」は乗り越えられないし、そうしない限りは、誰も自分の作品の方を見てくれやしない。そんなシビアな時代を迎えていたからです。

もちろん、本格的な格闘に踏み込んだ場合、百万円で元が取れるわけはありません。事務所を運営する観点から見たら、まったく非常識、クレージーな判断です。でも、ぼくは引き受けることにしました。本気で引き受けて、中国という泥沼にドボドボと浸《つ》かってやろうと、覚悟を決めたのです。

苦労と大損を覚悟で、中国の仕事をしようと決めたのは、日本を離れた場所で仕事をしたいという願望があったからでした。

1990年代の初めごろは、東京という小さな「村」の中で、建築家仲間で悪口をいいあうような煮詰まった空気がたまらなく嫌で、東京を離れたくて仕方がなかった。

そこで出かけた地方行脚《あんぎゃ》は、予想以上に楽しいものでした。

でも、地方行脚をしていると、「隈は地方で和風をやって、田舎で受けているらしい」という陰口がまたまた聞こえてきます。ぼくは「和風」なんていうものに、そもそも興味はないのです。その「場所」に独特の材料と、そこで生きてきた職人たちを探し当てて、そこでしかできない建築を作ろう、目の前にいる人たちに喜んでもらって、その場所を元気づける建築を作ろう、と、それだけを考えていたのです。それを「和風」などという言葉でくくろうとする人たちの気持ちがわかりませんでした。だから大損をしても、中国に飛び出してみたかったのです。

竹の家に戻りましょう。イージーな依頼内容を聞いたぼくは、だったら、とにかく思いっ切り自由に「中国」を解釈してやろう、と心を決めました。そこから出てきた発想が、外壁、内装、柱まで、できる限り竹だけで作ろうという、虫かごのような竹の家だったのです。それは、ほとんどギャグに近いひらめきでした。

竹がいかに問題の多い弱い建築材料であるかは、それまでの日本の経験からよくわかっていました。乾燥すればすぐひびが入るし、雨ざらし、日ざらしの部分は数ヶ月で白茶けてきて、表面はボロボロになってしまいます。

でも、だからこそ、ぼくはここで竹の家を、張永和にも、クライアントであるデベロッパーにも、そして中国という存在そのものにも突きつけてみたかったのです。「コミューン（共同体）」といいながら、プロジェクトの実際は、金持ちに向けた高級建て売りの「ヴィラ（別荘）」ですから、デベロッパーにとって、この「竹」の提案はかなりハードルが高いはずです。受けるものなら受けてみろ、といった挑発的な気分と、受け入れられなかったらそれで結構、上等じゃないか、という開き直りが、そこにはありました。

ところが予想に反して、クライアントから返ってきたのは、「いい提案をありがとう」という返事。さすが中国、懐《ふところ》が深い……いや待てよ、これはワナかもしれない……と、かえって心配になったくらいです（笑）。そして予想通りに、そこからとんでもなく大変な日々が始まりました。

行け、現場へ

最初に施工業者がいってきたのが、「竹でこんな建築を作ったら、すぐに腐るに決まっている」という文句です。まったくごもっとも（笑）。でも、ここで引き下がるわけにはいきません。京都の大工さんから教わっていた、竹を腐らなくする方法を彼らに伝え、同時に「中国で作ったら、京都の大工より、よっぽどきれいなものになるだろう」と、彼らをおだてまくることにしました（笑）。

熱意とおだてが通じたのでしょう。彼らは「竹を油に浸すと、もっと強くなるぞ」といって、今度は油に浸けて煮しめたような茶色い竹を持ってきました。それは、ぼくたちが京都の大工さんから聞いていた繊細な方法とはかけ離れています。思案どころでしたが、心配をぐっと飲み込んで、「ぜひ、そのやり方で」と、最終的に彼らのやり方を試すことにしました。提案してきたということは、かなりその気になってくれている、ということです。そんな気分に冷や水をかけてはいけません。提案してきた人間の心意気を買って、やる気のある人間には、どんどんOKを出すのがぼくのやり方なんです。

ここで一人、忘れてはならないスタッフがいます。竹の家の現場を担当したのは、インドネシアから文化庁の基金でぼくの事務所に勉強しにきていた、ブディ・ブラドノでした。彼は「インドネシアにいたころから竹が大好きだったので、絶対自分に現場をやらせてほしい」といってききませんでした。ただ、いくらクレージーなぼくでも、総額百万円の設計料で現場常駐までは考えはしません。それでもブディは、「神戸までは、ぼくがすでに持っているJRパスでタダ、神戸から上海まで船、北京では一泊五百円のホテルを見つけたから、一ヶ月で一万五千円、一年間でも十八万円しかかからない」という計算書を持って、ぼくにアピールしてきたのです。やる気を冷やさずに伸ばすのがうちの方針ですから、「そんなにいうなら、最後まで責任をもってやれ。行ってこい、北京に」と、背中を押してやりました。

普通、現場に常駐する建築家は、クライアントが手配する車で通うものですが、ここではそんな手配もなく、ブディは万里の長城の現場へ毎日バスで通って、「このディテールはダメだ、やり直してくれ」と、職人相手にいい続けました。当初は誰もブディのことなど鼻も引っ掛けず、無視され続けたそうです。それでも毎日現場に通い、叫び続けていたら、現場の人間が彼のことを無視しなくなっていきました。

日本人の建築家はよく、「中国では図面と違う建築ができてしまうから、中国人は信用できない」といいます。しかし、現場にいなかったら、図面と違う建築が作られてしまっても仕方がないんです。逆に、現場にずっといて、目を光らせている人間のことを、中国人は無視しません。ブディはそうやってずっと現場に通い続け、そのぎょろっとした目で現場をにらみ続けました。だからこそ、中国人は彼のいうことを聞くようになったのです。その結果、「竹の家」は、ほとんどぼくとブディが夢見ていたような形で実現することになりました。つまり、中国というのは、そういう場所――現場にいる、ということがとても大事なところなのです。

自分の基準を乗り越えていく

「竹の家」は北京郊外の山を背景にして、遠目、もしくは写真で見ると、非常に繊細な美しさに満ちていますが、近くで見ると、竹が曲がっていたり、節がささくれていたりして、結構汚いんです。

たとえば日本で竹を建築素材に使うとき、6センチの直径で、と発注したら、本当に測ったように6センチの、工業製品のような竹が運び込まれます。でも中国で工事現場に運び込まれる竹は、まっすぐじゃないし、6センチといっても、4センチから10センチぐらいのものまでが平気で混ざっている。

最初、現場に入ったばかりのブディは、それを見て真っ青になり、「どうしましょう。つき返しましょうか？」と、ぼくに聞いてきました。でも、ぼくは、「いや、つき返さないほうが面白いんじゃないか」と、現場の状況を面白がることにしました。だって自然の状態の竹なんて、そもそもばらつきがあるわけでしょう。それでも竹林を見て、ぼくらはきれいだと思う。だったら自然のままの状態を素直に建築にしてみたらいいんじゃないか。日本だったら竣工検査に通らないほど粗い中国人の施工技術も、すべて前提としてデザインに盛り込もうと決めたんです。

自分の考えに１００パーセントの確信があったわけではありませんが、そうやってできた竹の家は、「中国の伝統」を理解した、居心地のいい建物として、中国の人たちに受け入れられました。

このプロジェクトは、海外から何人もの建築家が参加したのですが、彼らも日本人建築家の例にもれず、中国流の荒っぽい施工に懲《こ》りて、「もう次から中国で仕事はやりたくない」という人が大半でした。でもぼくは逆で、これなら万里の長城よりもっと奥地に行ってもできるな、と考えた。さらにひどい施工技術の場所で、建築家なんかと仕事をしたこともない職人たちと向き合って仕事をしたら、もっともっと面白い建築になるかもしれない、と開き直るような気持ちになったのです。

振り返ると、ぼくが受けた日本の学校教育とは、精度や正確さ、あるいは抽象性のようなものを追求するもので、いい換えればそれは、人間の製品化とイコールでした。自分が受けたそんな工業化社会流の教育を、社会に出た後で否定していくことが、まさしく建築家になるということだとぼくは思っているのですが、大半の人は受けた教育のままで止まっている。日本の建築がつまらなくなる一方だとしたら、それも一つの原因だと思いますね。

中央嫌いのひねくれもの

「竹の家」が完成すると、予想外の反応がありました。ぼくとしては、コピー&ペーストの中国人、ブランド第一主義の中国人に「『竹の家』のよさがわかってたまるか」というつもりで、一種の挑発を込めた作品です。ところが、クライアントがアンケートを取ったら、「コミューン・バイ・ザ・グレート・ウォール」に参加した十二人の建築家作品の中で、竹の家が一番の人気となりました。「あの家に入るとほっとするし、本当の中国を感じる」といってくれる人たちにもたくさん出くわし、中国でやれることはまだまだあるな、と思い始めました。

同じころに、ヨーロッパから二つの建築賞をいただきました。一つは前述した通り、栃木三部作の一つである「石の美術館」に対する「インターナショナル・ストーン・アーキテクチャー・アワード　国際石の建築賞」(2001年)。もう一つはフィンランドからの「スピリット・オブ・ネイチャー　国際木の建築賞」(02年)です。いずれも「和風」とも「日本」とも関係のない賞であり、それをいただけたということが、ぼくにとっては何よりも嬉《うれ》しかった。

〝石の建築賞〟〝木の建築賞〟の受賞後から、ヨーロッパとアメリカから、いろいろなオファーがやってくるようになりました。日本という枠組みの中での、せせこましい人間関係に辟易《へきえき》していたぼくとしては大歓迎です。海外コンペの招聘《しょうへい》があれば、どんなに忙しいときでもそれを最優先にして積極的に応募しました。

そして、フランスの「ブザンソン芸術文化センター」や「エクサンプロヴァンス音楽院」、パリの「マクドナルド公共複合施設」、「リヨン／HIKARIプロジェクト」、スペイン・グラナダの多目的ホール「グラナダ・パフォーミング・アーツセンター」、イギリスの「ヴィクトリア&アルバート・ミュージアム　スコットランド分館（ダンディー）」と、たて続けに勝っていったのです。

振り返ってみると、ぼくのヨーロッパのプロジェクトには、「中央嫌いのひねくれもの」が頼んでくる、という共通項があります。

マルセイユやスコットランドの人たちは、その代表選手です。彼らは中央から強制されるのが大嫌いな、独立独歩、反骨の自由人です。マルセイユの人間はパリに対して対抗心むき出しだし、スコットランドの人間は、イギリスから独立したいと、いつもたくらんでいます。そういう連中とぼくは、なぜだか波長が合う。お互い、ひねくれているからなのでしょう。彼らとはよく一緒に飲み明かしながら、「ロンドン、パリの気取ったやつらをぶっつぶせ」と、気勢を上げています（笑）。

21世紀の建築をリードするのは、中心ではなく辺境です。中央に迎合しない辺境の心意気が、21世紀の建築をリードしていくのです。そして建築家は、その辺境の場所にどれだけのめり込めるか、が問われていきます。

ヴィクトリア&アルバート・ミュージアム　スコットランド分館のコンペの最終審査時のやりとりは、今でも忘れません。厳しい質疑応答が続いた後に、最後の質問が審査委員長から来ました。

「いろいろ話してきたけれど、つまるところ、あなたはこの建築で何を一番やりたいんですか」

どう答えたらいいだろうか、と全身がちょっとこわばりましたね。

スコットランドの崖《がけ》にインスピレーションを得た外壁デザインの話。いかに環境にやさしい省エネ建築か、という話。それっぽい答えが数秒の間に、頭の中を駆けめぐりましたが、ぼくの口からは突然、次のような言葉が出てきたのです。

「スコットランドの冬はとても寒いですよね。アートが好きじゃない人、アートに関心がない人でも、その寒い日に集まってくるような建築を作りたいのです。だからロビーを思い切り大きくしました。身が凍るように寒い日でも、音楽会を催し、演劇も上演できるようにして、市民が集まってこられるように」

審査員たちは、まるで波打つように、うなずき合いました。「スコットランドはとても寒い」。その一言で、彼らはぼくを自分たちの仲間だと認めてくれたのです。審査委員たちの顔に浮かんだ微笑《ほほえ》みを見て、「あ、今、ぼくは、この『場所』の一員だと認められた」と心が一瞬、震えました。

不況に感謝

学生時代のぼくは、とにかくコンクリートに規定された建築から飛躍したかった。コンクリート打ちっぱなしの建築はカッコいい。そのカッコよさをどうやって超えていけばいいのかを考えることが、人生の基準になって、それでアメリカにも行って模索を続けたのです。

１９８０年代の後半に日本に帰り、東京で事務所を構えたら、バブルの到来で、あれよあれよという間にデベロッパー的な仕事が始まりました。バブル時代のプロジェクトも面白かったですよ。だって夢と責任を背負い、想像力を振り絞って描いた図面が、みるみる自分の目の前で本当にできあがっていくのだから、わくわくしないはずがありません。

しかし90年代になったら、本当に突然、仕事がなくなってしまった。ぼくにとって苦い挫折《ざせつ》です。

それまでの自分は、建築とか都市開発とかいうのは、一種のゲームであり、自分はそのゲームが得意だと思っていた。それはそれで疾走感はあって、バブル時代はそれなりに楽しかったけれど、当時、ぼくが時代を転換させようと仕掛けていた方法論は結局、ぼくの頭の中で高速回転しているだけでした。バブル崩壊を境に仕事がなくなった東京で、ゲーム的な方法論は、この、泥のように重たい現実にはほとんど通用しないんだ、ということを思い知りましたね。

だから逆に、その後の不況は、ぼくにとっては感謝してもしたりない貴重な時間でした。東京での仕事がなくなったおかげで、地方の、それこそ泥くさい、汗くさい現場で、それぞれの風土——風土って、まさに土と風のことですが——を実感しながら建築に取り組むことができましたから。挫折って、人間に一番必要なものですよ。

原点にあるボロい実家

90年代、つまり20世紀最後の十年に、ぼくは日本の地方とじっくり向き合うチャンスに恵まれた。地方の仕事は、東京の大企業がらみの案件に較《くら》べれば小さなものですが、90年代に地方で急がず、ゆっくりと仕事ができるようになって、そのときに自分が生まれ育った戦前の木造の家を再発見することもできました。

この家は東京の大井町で医者をやっていた祖父が、週末に農作業をするために求めた畑に建てた、作業小屋のように小さな家だったのです。ぼくが子供のころの大倉山は、アメリカ型の郊外に汚染される以前の、日本の農村風景がまだ残っていて、裏の山にはキジや蛇が普通にいました。

子供のころは裸足に長靴をはいて遊ぶことが一番好きでした。当時の大倉山は、田んぼも竹やぶも肥溜《こえだ》めも何でもあって、晴れた日も雨の日も長靴をはいて、その辺をがしがし探検していましたね。一方、家では、明治生まれの父が普請《ふしん》仕事の好きな人で、家族共通の趣味が「改装」。もともとが小屋みたいな家だから、大きくなるにつれて、少しずつ部屋を足していくんです。

家族会議を開くと父はもちろん、母、妹、おばあちゃんまで加わって、侃々諤々《かんかんがくがく》と意見や希望をいい合う。ぼくも自分の主張を通すために、子供ながらにデータを集めたり、論理を組み立てたりと、いろいろな準備をしました。つまり、当時から今と同じことをしていたわけです（笑）。

今、振り返れば、この木造平屋のボロ屋の延長線上に「広重美術館」も「石の美術館」もあります。素材の使い方や空間が似ています。学校で習ったコンクリートと鉄の建築を捨てて、自分の原点のボロ屋にジャンプできたのは、90年代のおかげです。

2009年にロンドンの王立建築家協会から名誉フェローというポジションをいただいたときに行ったスピーチでも、「ぼくがこういう建築を作ることができるようになったのは、90年代の不況のせいです」と、話しました。危機というものが目の前にあるならば、建築家は全員、そのことに感謝すべきだと思う。しかも今は百年に一度の不況だというのだから、こんなにありがたいチャンスはない――そういったら、けっこうウケていましたね。

横浜の大倉山にあった実家で。小学4年生の頃（左）と5歳の頃、父と（右）

なぜ日本が建築家を輩出するか

海外でよく受ける質問の一つに「なぜ日本から、これほど多くの世界的建築家が輩出したのか」というものがあります。

戦後第一世代とくくられた丹下健三（1913～2005）、前川國男（1905～1986）、第二世代の槇文彦（1928～）、磯崎新（1931～）、黒川紀章（1934～2007）、そして第三世代の安藤忠雄（1941～）、伊東豊雄（1941～）。1954年生まれのぼくや、妹島和世（1956～）、坂茂（1957～）は第四世代にくくられます。

国際社会における国の存在感や経済規模と比較して、日本の建築家の目立ち方は、確かに半端《はんぱ》ではありません。

たとえば現在に限っていうと、中国出身の建築家には、アメリカで教鞭《きょうべん》をとる張永和や、杭州の王澍《ワン・シュ》らは、世界的に注目されていますが、彼らにしても、海外からプロジェクトに呼ばれて、どんどん仕事をする状況にはなく、世界という「スタジアム」にはまだ無縁です。

韓国も、サムスン、ヒュンダイ、LGエレクトロニクスなどの大企業が国際社会で持っている存在感と較べると、建築家の存在感はまったくありません。なぜ日本からだけ、こんなに海外で活躍する建築家が出ているのか、不思議に思われるのは自然なことでしょう。

一つの理由は、20世紀工業化社会の中で成立した世界的規模の「建築マーケット」の中で、マーケットの構造を分析するメディア的な視座と、自分の場所を掘り下げていく職人的な粘り強さの両立を可能にする土壌が、日本にはあったことです。メディア的なまなざしだけでは世界商品となる建築は作れないし、職人的な粘り、場所の掘り下げだけでも、世界商品にはならないのです。

両立とはいっても、それぞれの建築家によって、バランスのあり方はさまざまですし、時代の問題もあります。

たとえば第一世代の丹下健三、前川國男や、第四代歌舞伎座《かぶきざ》の設計者で、現代数寄《すき》屋《や》の父と呼ばれる吉田五十八（1894～1974）を比較してみましょう。職人的な自分の場所の掘り下げという点では、この三人はそれぞれにすごいのですが、結果だけでいうと、世界商品を作った人は丹下健三だけだった。それはなぜなのでしょうか。

丹下健三は、その職人的探求を建築のシルエットに直結させることができた人でした。写真というメディアが支配した20世紀の世界の建築マーケットで、シルエットは重要なものでした。丹下作品の「代々木体育館」や「東京カテドラル聖マリア大聖堂」(1964年・東京都文京区)などは、そのシルエットの美しさで、海外からの注目を集めることができたのです。

丹下健三は英語も流暢《りゅうちょう》とはいえなくて、むしろ非社交的な人でしたが、世界が何を求めているかが見えていたのでしょう。戦前のきわめて国際性の高かった上海で育ったことや、母親の溺愛《できあい》を逃れたくて、高校時代から今治の実家を出て、対岸の広島の高校で留年を繰り返して遊びまくっていた、などという経歴も関係があるのかもしれません。吉田五十八の建築も、メディアが写真写りのよしあしだけで建築を判断する20世紀的風習を脱した今だったら、もっと世界市場で注目されていたかもしれないと思います。

第二世代の磯崎新や黒川紀章は、職人性というよりもプロデューサー性の方が勝っているタイプでした。彼らは日本人離れしたメディア的視座をもって、多くの国際的イベントを仕掛けました。黒川さんが中心となった「メタボリズム運動」(1959年〜)も、磯崎さんが仕掛けた「くまもとアートポリス」(1988年〜)も、20世紀の建築史に残る一大ムーブメントです。そのときの日本には、このような運動を仕掛けられるほど勢いがあった、ともいうことができます。彼ら第二世代は、「強い日本」を背景に、世界的プロデューサーになったわけです。

第三世代の建築家の時代には、当事者たちが気付かないうちに、日本は少しずつ弱くなっていきました。その時代に、安藤忠雄さんも伊東豊雄さんも、20世紀工業化社会の優等生だった日本の技術を徹底的に掘り下げることで、世界的建築家になったわけです。たとえば安藤さんのコンクリート打ちっぱなし建築のクオリティを実現できる国は、日本しかありませんし、伊東さんの鉄とガラスも工業化社会のリーダーだった日本ならではの表現です。

第四世代のぼくらの時代は、日本の弱さが誰の目にも明らかになった時代です。実際、「失われた十年」といわれた1990年代に、ぼくは東京での仕事が一切なくて、工業化から見捨てられていた日本の地方を回りました。そこで偶然出会った材料や景観、職人技術を掘り下げているうちに、21世紀につながっていく日本の、工業化とは別の可能性を見つけることができました。日本が弱くなって、工業的なピカピカでとんがったものが後退したおかげで、逆に、掘り下げるに値する場所が見えたのです。それがさらに中国を掘り下げた「竹の家」につながって、世界が注目してくれるようになったのは幸運でした。

第5章　災害と建築

建築家の臨死体験

東日本大震災が起きたときは、仕事で台湾にいました。ちょうど東京の事務所のスタッフと電話をしているときで、始めは「あ、地震です」と、普通に話していたスタッフの声が、「すごく揺れています、大きいです」と、どんどん切迫して、最後は回線が切れてしまいました。離れた場所にいたので、余計に不安を感じましたが、もうそれからは日本に電話は一切通じません。その一時間後ぐらいから、台湾のテレビでも震災のニュースが続々と放映されるようになりましたが、現実に起きていることとは、どうしても思えませんでした。

日本に戻ったのはその二日後です。東北では、宮城県石巻市の北上川沿いの、海から5キロメートルしか離れていない場所に、ぼくが設計した「北上川・運河交流館水の洞窟」（1999年）と、そこから北に行った登米市に「森舞台／登米町伝統芸能伝承館」がありました。特に北上川・運河交流館は、津波が20キロメートルも遡《さかのぼ》ったという北上川に接していたし、電話もまったく通じなくなっていたので、完全にあきらめていました。震災から二週間後に突然、電話が通じて、二つの建物の無事がわかり、ようやく現地に入れたのは三週間後でした。

信じられないことですが、石巻は周辺の地面全体が沈下したせいで、北上川の水位が1メートルも上がっていたんです。ぼくは、聖書の「ノアの方舟《はこぶね》」を思い出しました。それほど、世界が終わってしまったような光景だと感じたんです。北上川・運河交流館では、建物のすぐ裏側まで津波が及び、敷地全体が液状化して、周辺の歩道はズタズタになっていました。建物本体には奇跡的に水が入らず、ダメージはありませんでしたが、たまたま運がよかったのだと思います。

阪神・淡路大震災のときは、二週間後に現地を歩き回りましたが、メディアで報道されている写真や映像と、実際の状況との間に落差はあまり感じませんでした。しかし東日本大震災は、訪れる場所によって眺めや被害の状況がガラリと変わっています。ナマで目にする光景と、メディアを通して伝わってくるものとのギャップが非常に激しいのです。とりわけ津波が引き起こす「面」の災害は、実際に目にするまでは、想像すらできないものでした。

ぼくが最もショックを受けたのは、高台にある住宅街から、被災した市街地を見下ろしたときです。高台では典型的な20世紀型の住宅が何事もなかったかのように並んでいる。道路にはヒビさえ入っていない。でも、そこから下をみると、都市そのものが赤茶色の破片へと徹底的に、完全に粉砕されている。そこには激しいギャップがあり、すべてが非連続でした。

第4章でお話しした「亀老山展望台」を設計したときは、丘の上から「見る」ことと、そこから「見られる」ことと、どちらに強度があるのか、「見る」と「見られる」の関係性を自分の中でかなり突き詰めて考えました。が、石巻の丘から下を見下ろしたとき、そういう思考も、無力感の彼方《かなた》にすべて吹き飛んでしまう感覚に襲われました。

普通、人間の生活の場というものは、基本的にはうす汚れたもので、観念的なこととか、ロマンティックなことなどが入り込む余地はあまりない。自分の寝床の周りを考えてみたってそうでしょう。町並みだって、整然として美しい町並みなんて幻想で、人が密集する市街地なら、生活が積み重なって、きれいではあり得ないものです。でも、丘の上から距離を置いて見た、石巻の市街地の瓦礫《がれき》は、まったく汚く見えなかった。ただひたすら静かなだけ。

整理されたものとゴミ、善と悪、あるいは生と死といったものを、我々は分けて生活していますが、あそこにあったのは、それを超えた眺めだった。人の暮らしの細部が消え去ったときの均一感と、瓦礫が自然物に見えてしまうほどの粉砕のされ方に、言葉を失ったぼくは建築家として、一種、臨死体験に近い体験をしてしまったのかもしれません。

人類史を変えたリスボン大地震

石巻からは疲れきって東京に戻ってきました。あの粉々に砕けた風景が目に焼きついて離れない。建築がこれほどまでに弱く、もろいものとは、思っていませんでした。ぼくらが作ってきた建築って何なのだろうかと、毎日考えるようになり、過去の大災害のことをいろいろと調べてみました。そして、建築の歴史が、大災害を転機として大きく舵《かじ》が切られていることを、発見していきました。

人類史を見渡した中でも、歴史を大きく変えたのは、1755年11月1日に起こったポルトガルのリスボン大地震です。

リスボン大地震による死者は五〜六万人と伝えられています。当時、世界の人口規模が七億人といわれていた中ですから、現在でいえば五十〜六十万人が亡《な》くなったほどのインパクトでしょう。これだけの死者が出た災害は、神が人類を見捨てたのではないか、というほどのショックを人々に与えました。その絶望から近代科学も、啓蒙《けいもう》主義も始まり、同じ世紀の後半に起きたフランス革命ですら、ルーツをたどればリスボン大地震にあると考える人もいます。

災害から人類を守るために、人類が発明した「対災害システム」の別名が「文明」ではないかと、ぼくは考え始めました。いい方を変えれば、災害がなければ人々を守るのに「神」で十分だったのです。事実、リスボン地震以前の中世ヨーロッパは、神によって人の命や人生が規定される時代でした。

「対災害システム」としての「文明」の中核を担《にな》ってきたのが、ほかならぬ「建築」です。

災害によって生命の危機を感じたとき、人々がまず頼ろうとするのは、シェルターとして確実に生命の危機を遠ざけてくれる建築です。生物としての人間の本能が「強い巣を作れ」と命じるのでしょう。同じ文明でも、科学や思想・哲学は、建築と比較

「ニュートン記念堂計画案」(ヴィジオネール派のエティエンヌ・ルイ・ブレによるドローイング。1784年)

すれば即効性がなく、間接的で、そこに組み込まれた生命の維持機能はわかりにくい。災害から生命を守るために、まず、強くて合理的な建築が一刻も早く必要とされました。リスボン大地震の恐怖から、近代建築と近代都市計画は始まった、という説は、3・11後の我々には、とても説得力をもって響きます。

その恐怖に最も敏感に反応したのが、建築の世界で「ヴィジオネール」(幻視者)と称された、フランス人前衛建築家たちの一群でした。彼らは当時からしても、そして今から見ても、きわめてユニークな新しい建築や都市のドローイングを描きまくりました。(上の写真)

ヴィジオネールたちは、既存の都市から

離れた新しい土地で、それまで世界の建築を縛っていたバロックやロココ様式の装飾を排除した、単純なハコを発想しました。現代からすれば単純なハコ型建築などはめずらしくもありませんが、バロックやロココの装飾が建築のお約束だった時代に、その前衛性は際立《きわだ》っていました。

バロックやロココ時代まで、建築の装飾とは一種のおまじない、厄除《やくよ》けのようなものので、装飾を付けてさえおけば、神さまが自分たちを守ってくれるという、人間の曖《あい》昧《まい》な希望がそこに込められていたのです。しかし、ヴィジオネールたちが描いた球体や直方体をした建築は、そのような希望と対極的に、厳密な幾何学に支配されているものでした。つまり彼らは、神に代わって「科学」という新しい知恵を用いて強い建築を作り、弱い自分たちを守ろうとしたのです。

といっても、ヴィジオネールの合理的・科学的建築は、すぐに実現したわけではありません。その実現までに、科学、思想・哲学、政治など諸条件の成熟を必要としました。それゆえに二百年の期間がかかり、ようやく20世紀最初に、コルビュジエたちのコンクリートと鉄でできたモダニズム建築という形で、地上に姿を現したのです。

死を忘れたい都市

日本では1923年の関東大震災がリスボン地震と同じ役割を果たしました。木造の平屋と二階建てで埋め尽くされていた東京は、このとき火の海となり、十万人が犠牲になりました。この悲劇をきっかけにして、日本の都市は不燃化に向けて大きく舵を切ることになります。

折しも欧米ではモダニズム建築が日の出の勢いでした。関東大震災に続き、第二次世界大戦の敗戦でさらに、日本人は完全に自分たちを見失いました。コンクリートと鉄を使えばアメリカに追い付けるという、コンクリート神話が人々を支配し、それまでの木造文化を捨て去ってしまったのです。建築家も全員、コンクリートと鉄の信者になりました。

強く合理的な建築は、都市の水際にまで敷地を求め、拡張を続けました。強く合理的な建築を建て続けるためには、原子力発電所も必要でした。その果てに、大地震が起こり、津波が我々を襲ったのです。しかし、強かったはずのコンクリートと鉄の建築は、「3・11」の前には、ひとたまりもありませんでした。さらに放射能を前にしては、まったくの無力でした。

ぼくたちが経験した3・11は、リスボン地震後の「近代建築」の無力というものを決定的にさらけ出したと思います。防潮堤やコンクリートの埋め立て、護岸など、「強い」建築をそこら中に建てることで、災害から人間を守ろうとする建築依存型の思考回路が役に立たないことを、ついにぼくたちは知ってしまったのです。近代という時代は合理的で強い建築を作るために進化し続けた、といっていいものでしたが、人間が頭の中で作り上げる合理性など、自然の前では圧倒的に無力だった。被災の現場を見て、ぼくはそう思い知ったのでした。

臨死体験を経た後の建築家は、どうしたらいいのでしょうか。まだ何かを建てなければいけないのでしょうか——。

東日本大震災後、「これからどういう建築を建てたいか」ということを、いろいろなインタビューで聞かれました。ぼくの口からは、あるとき、「宗教建築を建てたい」という答えが出てきました。もちろんそれは、神社仏閣を建てたい、ということとは少し違います。ぼくが建てたいのは「死」というものを思い出させてくれる建築のことです。

関東大震災以前の、日本の木造の街は「死」と共存していました。なぜなら木の建築は、生物が必ず死ぬものだ、ということを教えてくれるからです。変色し、腐っていく木を見ながら、ああ自分もこうやって死ぬんだな、とゆっくり感じることができる。

一方、コンクリートや鉄でできたピカピカの建築を見ていると、生物が死ぬこと、自分が死ぬことを忘れてしまいます。20世紀のアメリカ人は、ディズニーランドのような、死を忘れさせてくれる建築で都市を埋め尽くそうとしました。日本人もそれを真似《まね》て、死と近くにいた日本の街も、今やすっかり死から遠くなってしまいました。

死を忘れるとは、自然を怖《おそ》れなくなることと同じ意味です。死を忘れ、自然を怖れなくなると、どんなにあぶない海際にでも、平気でコンクリートや鉄の建築を建てるようになる。原発がどんなに増えても、気にならなくなります。

ぼく自身が「死を思い出させてくれる建築」について、はっきりと意識したのは、東京農業大学の「『食と農』の博物館」（２００4年）を作ったときです。当時の学長だった進士五十八《しんじいそや》先生から、「隈さんには古びていく建物を作ってもらいたい」「エイジング（齢《とし》を重ねる）する建築がほしい」という要望をうかがったときに、「なるほど……」と思ったんです。

「建築家の設計する建物は古びな過ぎます。でも生き物でいえば、古びない生き物なんて、化け物でしかあり得ません」という進士先生の言葉は、生き物を扱う、いかにも東京農大ならではの考え方だと感激しました。

それ以前から、古びた感じが好きだ、という感覚は持っていたのです。だからこそ「広重美術館」では、変色することを前提で木の屋根を設計していたのですが、進士先生の言葉によって、そうか、ぼくは建築に「死」を取り戻したいのかもしれない……と、考えるようになりました。

何度もお話ししている通り、ぼくはアメリカ的なクリーンなものから、なるべく遠ざかろうとする建築を求めてやってきました。建物に好んで木を使うことはその一例ですが、そんなときも決して、完成直後の真新しい状態を目指すのではなく、時間がたって色が変わっていく状態、朽ち果てる寸前の姿までをイメージして設計に臨んできました。それでも自分がやってきたことは不十分だったし、まだまだアメリカ的であったと、今回の経験で思い知ることができました。

死の近くにいる建築家

死を忘れようとした20世紀アメリカの中でも、二人だけ、死のにおいのする建築家がいます。フランク・ロイド・ライトと、ルイス・カーンです。

ライトは「有機的建築」を提唱し、コルビュジエたちのモダニズム建築を批判した建築家ですが、彼の唱えた有機的建築こそ、死を思い出させる建築のことだと、ぼくには思えます。有機的建築とは生物の身体《からだ》のように、ぐにゃぐにゃしたカーブでできた建築のことだと誤解している人がいますが、大間違いです。生物の本質はぐにゃぐにゃにはなく、死にあるのです。

そもそもライトという人物自体が、死と近い人生を送った人でした。最初の結婚で六人の子供に恵まれたライトでしたが、四十二歳のときに、クライアントの奥さんだったチェイニー夫人と駆け落ちして、信用と仕事を失います。チェイニー夫人とヨーロッパを転々として、二年後に故郷のウィスコンシンに戻って仕事を再開しましたが、今度はそこで、精神錯乱をおこした使用人に家を放火され、チェイニー夫人と、夫人の連れ子だった二人の子供と、弟子たちの計七人を斧《おの》で惨殺《ざんさつ》されてしまうんです。

たった一人生き残った彼は、スキャンダルにまみれた中で、帝国ホテルの設計のために日本に来ましたが、ここでは予算オーバーやら何やらで経営者たちとうまくいかず、完成を見る前に日本を離れています。その後の人生も巨匠の名とは似つかわしくない、波乱万丈の連続でした。

ライトのほかにもう一人、死を感じさせる建築を作ったルイス・カーンは、両親がエストニアからアメリカに移民してきたユダヤ人でした。彼自身の風貌《ふうぼう》も、子供のときに負ったやけどのせいで、若いころからすでにエイジングした迫力がありました。

20世紀アメリカの建築がコルビュジエやミースが完成したモダニズム建築を、ピカピカに磨きたてて、漂白し、そこから死を思わせる汚れ一切を取りのぞいたものだったのに対して、カーンはコンクリートを使っていても、できたときからエイジングしていましたね(笑)。

カーンはアメリカでいくつかの代表的な建築を作った後、インドやバングラデシュで重要な仕事を担当します。現地の技術ではアメリカ的なピカピカの建築は当然、できないわけですが、それがかえってアメリカでの作品よりいいんです。代表作の一つである「バングラデシュ国会議事堂」や「インド経営大学」は、できたときから遺跡のような建築です。バングラデシュ国会議事堂では、素材としてコンクリートと大理石を、インド経営大学ではコンクリートとレンガを組み合わせて、その場所から〝生えてきた〟ような建築を作りました。

世の中には、施工《せこう》技術が未発達の場所で作ったときに破綻《はたん》してしまう建築家と、かえってよくなる建築家の二種類がいますが、カーンと、晩年のインドでのコルビュジエは、まさしく後者の建築家でした。それは、彼らが人間の生と死を超えた世界を見ていたからです。ピカピカ、ツルツルのもので死を隠蔽《いんぺい》しようとせずに、人の営みのすべて——現地の施工精度の低さも含めて受け入れることのできた人たちだったからです。

この二人のような発想を持てずに、施工技術の低いところで破綻してしまう建築家は、現地の施工会社に対して「どうしてお前たちはレンガをガタガタにしか積めないのか。どうしてこんな汚いものしか作れないのか」と怒り、自分が持ってきたクリーンな工業化文明を押し付けようとします。

そんなことをいったって、いわれたほうはどうしようもないから、結局、破綻してしまうわけですが、カーンやコルビュジエは、インドやバングラデシュで仕事をしたときに、「ここでは建築は汚いものだ」という前提を受け入れた上で、それを建築の美しさに織り込んだのです。そういうときに、建築家の人間としての本質が出ます。それは人格といってもいいものですね。

小さなものから出発する

カーンやコルビュジエは、インドやバングラデシュで作った、死のにおいのするできるのでしょうか。

3・11で工業化社会の限界をまさに目の前の現実として体験した後、ぼくには何が「汚い建築」を通じて、20世紀工業化社会を超える途《みち》を探しました。

「復興のためのマスタープランを考えてください」「復興のためのエコシティを構想してください」と、いろいろなところから声はかかりました。が、ぼくが絵を出しても、いっこうに実現に向けては進んでいきません。東北の復興も、とにかくピカピカの住宅を津波の来ない高台にまとめて建てる、といった従来のアメリカ型で進んでいきます。

冷めたいい方をすれば、復興の中で建築家に声がかかるのは、アリバイの意味もあります。その意味で、災害は開発への格好のアリバイになりかねない。しかし、ぼくらがするべきことは、アリバイを作ることではなく、生活を提案することなのです。そのためには復興を金銭で解決するのではなく、システムの話にしなければなりません。高台のピカピカのお家に孤立して住むのか、昔ながらの海沿いで、みんなで助け合って住むのか、暮らし方の話をしなくちゃいけない。そんな話をしたくて、伊東豊雄、山本理顕《りけん》、内藤廣《ひろし》、妹島和世さんとぼくの五人で集まって、頭文字から「帰心の会」(KISYN)と名付けた会を作りました。

しかし政治も行政も、「いくら出るんだ」というお金の話がぐるぐる回っているだけで、いつまでたっても「これからの生き方」にたどりつけていない。命を奪われる事態に瀕《ひん》して、生活の仕方をどうシフトチェンジするか、そのことが本当は一番大切なのに、その話ができない。仮設住宅の脇《わき》に、「みんなの家」と呼ばれる小さな集会所を作ることが精一杯で、フラストレーションがたまる一方です。

建築家が描く「大きな絵」が一向に進んでいかない、実現に向かわないという状況は、現代という時代の宿命なのかもしれません。もちろん政治の弱体化と不安定という日本の特殊事情もありますが、このポスト工業化社会はいよいよ、「計画不可能」「都市計画不可能」な段階に入ったのかもしれません。3・11のような大きな危機を突きつけられても、困難な状況は打開されず、むしろ困難がよりはっきり露呈した感があります。

その失望の中から、3・11の後に、ぼくは建築とは別のプロジェクトを始めました。東北の職人たちを応援する「EJP（イースト・ジャパン・プロジェクト）」と名づけたものです。「大きな絵」を描く代わりに、事務所の若いスタッフと一緒に小さなプロダクトデザインから始めることにしたのです。

EJPは、東北の職人たちと一緒に、地元の素材を使って、小さなものを作るプロジェクトですが、単に美しい工芸品を作るだけではだめだ、と最初に考えました。そのプロダクトの中に、工業化社会を次の社会へと転換させるアイディアが込められていなければならないのです。それは、「不死」というフィクションを「死」のリアリティへと転化するアイディアです。といっても、大げさなことではありません。エネルギーを徹底してケチってみるとか、一つのモノを大事に使い倒してみるといった、3・11後の新しい質素なライフスタイルの提示です。

壊れ方だって一つじゃない

東北の職人のレベルが高いことは、90年代の東北での設計体験で実感していました。それは、東北が谷の集合体であることと関係があります。東京という工業化社会の中心から運び込まれるさまざまなデザイン、さまざまな商品群も、小さくて深い谷の中までは入っていけなかった。だからこそ、小さなヒダのような谷の奥の方で、職人たちは自分の場所を守り続けることができました。

たとえば宮城県白石市の手漉《てす》き和紙の遠藤まし子さん。奈良東大寺のお水取りは、全国的に有名な儀式ですが、その十四日にわたる行に参加する練行衆（修行僧）は、

「紙衣《かみこ》」と呼ばれる、紙で作られた衣装を付けるしきたりです。強く、清らかで、真っ白な紙衣を、亡くなったたんなさんの遺志を継いで１９９５年から作り続けているのが彼女です。ＥＪＰでは遠藤さんにお願いして、空調のしつらえのない夏を過ごすための、小さな扇子を作ってもらいました。

岩手の木工の職人たちとは、「ＣＨＩＤＯＲＩ（チドリ）」という名のプロジェクトを進めています。これは、細い木の棒を、針も糊《のり》も使わずに、かみあわせだけで組み立てて、三次元の格子《こうし》を出現させていく方法です。昔から「千鳥の格子」「三方固め」などという名前で日本各地に伝わってきた伝統的な技法です。

イタリアのミラノで行われる、インテリアデザインの展示会「ミラノ・サローネ」では、この技法で小さなパビリオン（２００７年）を作りました。その後、愛知県の春日井《かすがい》市には「ＧＣプロソミュージアム・リサーチセンター」（２０１０年）という歯科材料のミュージアムも設計しました。技法自体は三本の細い棒を組み合わせるという単純な原理ですが、それをしぶとく繰り返していくことで、大きな建築物まで作れてしまうのです。ということは、この作業を根気よく続ければ、世界という存在にまで到達できるのです。

建築を作ろうと思ったら、普通は工務店とか、建築会社といった〝プロ〟に頼まなくてはなりません。コンクリートが、一般的な建築材料になってから、プロに依存する傾向が一層強くなりました。

しかし、レンガを積むやり方だったら、もっと簡単に、素人《しろうと》でも建築が作れます。日本の昔の木造建築だって、コンクリートや鉄骨で作る建築に比べたら、はるかに簡単でした。模様替えと称して柱の位置まで動かして、間仕切りを変えることは日常的な行為でした。ぼく自身、父親と一緒に、しょっちゅう家を作り変えていましたが、そもそも木造のぼろぼろの建物だったので、楽にいじれたのですね（笑）。

その意味で、ＣＨＩＤＯＲＩは建築の一種の民主化といえるものです。コンクリートが作る建築は取り返しのつかない建築です。一度作ったら手直しすることはとても難しく、朽ち果てるのを待つしかない。しかし、ＣＨＩＤＯＲＩで作る建築は、手直しを続けていく建築です。作り続けて、壊れ続けてを繰り返す、つまり「死に続ける」建築なのです。

人が建物を作るとき、意識として自分たちを１００パーセント守ってくれるものを求めてしまうことは仕方のないことですが、実際はその建物の朽ちていく過程をぼくらは一緒に生きているわけです。

日本人は長い間、そういう自然観で自分たちの歴史を生きてきました。その歴史的、風土的な自然観を受容できるか、できないか。あるいは、さまざまな災害に応じて、壊れ方をどうデザインするか。復興の議論は、そういうことを論点にするべきではないでしょうか。

壊れ方のデザインだって、ただ一つではなく、いろいろとあります。今、生きているぼくは、言葉を換えれば、徐々に死んでいるということでもあります。そのような、徐々に死ぬ建築を作ることを、ちゃんと考えたいですね。

第6章 弱い建築

虚無を超えて

ぼくは青年時代、結構なニヒリストでした。そのころの口癖は「だってさ」「でもさ」。誰かが何かをいうと、それをひっくり返すことが常で、ひねた書生みたいなところがありました。自分でいうのもなんですが、書籍デビュー作の『10宅論』などという本にしたって、ひねくれていなければ書けない視点ですよね。

建築家にとって、20世紀は大きな建物を作ったら「はい、終わり」という、ある意味、簡単で能天気な時代でした。建築家は社会に技能と権威を提供すれば、それで済んでいたんです。それをぼくがニヒルに眺めていたというのは、そういう単純な枠組みの中で、20世紀型の「強い建築」を無反省に量産していく先達の、デリカシーのなさが許せなかったからです。

しかしニヒルであることは、ある種のモラトリアム、甘やかされた状況の別名でしかありません。現場に投げ込まれてから、ぼくの中のニヒリズムは、いつの間にか消えてなくなりました。建築現場の中であらゆる困難にまみれながら、何とか一筋の解決策を見つけ出し、プロジェクトをかろうじて最後までもっていくという、その生々しいプロセスを身体《からだ》で経験すると、建築への向き合い方から、生き方から何から何まで、大きく変わります。

現在、建築家に求められているのは、建物のカタチを作ることではありません。もちろん自己表現などという、ちっぽけなものでもありません。この困難な時代に対するソリューション（解決策）そのものです。歌舞伎座《かぶきざ》のプロジェクトにしても、過去から現在まであらゆることが関与する中で、ぼくに課せられたのは、「少しでもいい解決策」の提示でした。最良の解決策は誰にもわかりませんが、少しよくするだけでも、今の時代には大変な達成です。少しでもよくすることができれば、何とか建築という形になるのです。そのために、ぼくはいろいろな人の話を聞きまくり、そして、走り回ります。それが今の時代の建築家です。

「建築ぎらい」

建築の遠景となる「時代」を取り巻くパラダイム・シフト(枠組みの転換)があらわになったのは21世紀になってからですが、ぼくは1985年のバブル前夜から、すでにシフトチェンジが始まっていたと考えています。

20世紀から21世紀への転換――工業化社会から脱工業化社会へと世界が転換する過程で何が起こったか。工業化社会のリーダーとして、20世紀の経済をひっぱった建築という存在が、今度は社会のカタキ役として遇されるようになったのです。20世紀の建築万能の時代に対する反動が加わり、社会は過剰ともいえる嫌悪《けんお》感を「建築」に対して抱き始めるようになりました。

フランス東部ブザンソンの「ブザンソン芸術文化センター」(2012年)は、ぼくの事務所がヨーロッパのコンペで最初に獲得したプロジェクトです。当初の発注者だったフランシュ・コンテ地方、ドゥー県の男性知事は、建築に理解のある人で、コンペでぼくらが選ばれたときには、ヴァン・ジョーヌという地元産の黄色いワインで一緒に飲み明かしたほど意気投合しました。ところが、そのとき彼は末期がんを患《わずら》っており、それから数ヶ月後に亡《な》くなってしまいます。

次に就任した女性の知事と最初に会ったときのことは忘れられません。彼女からは「隈さん、フランス語で『建築家』っていったら、世間知らずのバカっていうことよ。覚えておいて」と、面と向かっていわれました。びっくりしましたが、同時に思わず、「ぼくもそう思う」とつぶやいていました。

彼女の言葉には、現在の社会の典型的な感情が象徴されていました。これをぼくは、上野千鶴子《ちづこ》さんのすぐれた論考、『女ぎらい　ニッポンのミソジニー』(紀伊國屋書店)にヒントを得て、「建築ぎらい」と名付けてみました。目端の利《き》いた政治家は、この「建築ぎらい」を上手に利用して、自分の人気に結び付けます。たとえば日本では小泉純一郎や民主党政権が、そのやり方で大衆の支持を一時的に獲得しました。公共工事を思い切って削減して、「建築」をカタキ役にすることで、彼らは大衆を味方につけようとしたのです。

ブザンソンの女性知事の言葉も、フランス流のきついブラック・ユーモアかと思いきや、そんな甘いものではなく、そこには明確な政治的牽制《けんせい》がありました。まず、政治家が前任者の仕事を否定する態度は、世界中どこでも同じです。さらに「建築ぎらい」を表明することで、彼女は同時代の有権者にアピールするわけです。

時を同じくして、地元の新聞には「設計者に日本人が選ばれて、デザイン重視でお金の無駄遣いをしている」というトーンで叩《たた》かれました。やっと勝ち取ったフランスでのプロジェクトでしたが、「ヤバいなあ、これ、最後までいくかな」と、気が気ではありませんでした。

ただし「建築ぎらい」も、猫の目のように変わる情勢の中で変節していくのが、また今という時代です。リーマン・ショックを皮切りに、世界的な金融危機が起こってから、状況はさらに一転しました。当時、フランスの大統領だったサルコジが、フランス国内で行われている公的プロジェクトを、百件だけ優先的に進めて、それ以外は全部凍結すると表明したのです。つまり、フランス流の事業仕分けです。

そのニュースが流れた途端に、ブザンソンでは、「せっかくのプロジェクトが凍結されたらまずい」とばかりに、地元世論の風向きが変わりました。ぼくも、「プロジェクトが継続するよう、日本大使やサルコジに手紙を書いてくれ」とけしかけられました。そうやって、いろいろな方面に手紙を書き始めようとしたときに、「ブザンソンのプロジェクトは百件の中に残った」という報《しら》せを幸いにも受け取りました。

これを機に、女性知事の態度も一変して、協力的になりましたね。彼女もぼくたちも、共通の「敵」とはいいませんけれど、共通の「問題」にぶちあたり、そこで初めて「仲間」になれたわけです。「仲間」が生まれないと、建築のような大きなプロジェクトは、絶対に前に動きません。そういう構図は、フランスでも日本でも同じです。建築プロジェクトとは、刻一刻と移り変わる世界を反映して、くるくると位相を変えていくものなのです。

世界のあらゆる情勢が関与してくるので、とにかくすべてのプロジェクトに対して、揉《も》めるのは織り込みずみ、という一種の達観した姿勢が、ぼくにはいつの間にか身に付きました。というか、揉めたら逆に、「この今の辛《つら》い状況が何かのチャンスになるかもしれない」「これで人間関係が強まるかもしれない」と、一ひねり、二ひねりして考えるようになりました。

もちろん、揉めて本当にプロジェクトがダメになってしまうこともあります。政治的な状況や駆け引き、人間関係などは、しょせん自分の意思や力の及ばないところでの話でもあります。ただ、そこで世の中との距離を感じて、「もう嫌だ」と投げやりにならず、誰かのせいにするのでもなく、何とかギリギリの解決策を見つけていく。そういうしぶとい習性が身体に染《し》み付きましたし、むしろ揉める過程が面白いとさえ思うようになりました。これはもう、一種の職業病ですね。

話がうまく進んでいるときは、「このままじゃ絶対に終わらない」と、いつも疑っているし、実際にそううまく終わらないんですよ。「あ、このつるつると進む感じは、そのうち破綻《はたん》する前兆だ」という直感は、見事なほどその通りになります。破綻がどのような形でやってくるのかまでは想像できませんが、危機が訪れると、「ああ、やっぱり」と、安心する。そして、「何でこんな目にあわなきゃいけないんだヨ」とボヤきながら、その瞬間から一所懸命に解決策を考えてしまう。そこに醍醐味《だいごみ》を感じるというのは……やっぱり職業病ですね（笑）。

激しい移動が建築家を鍛える

それでも、海外プロジェクトには、話が揉めたらぼくらが切られて終わりという、ある種の簡単さがあります。一方、日本で行う場合は、ぼく自身がそこに住み続けているわけだし、登場人物だって全員が日本という狭い場所に住んでいるわけだから、なかなかスパッと割り切っていけない。そういう意味では日本社会のプロジェクトが一番ストレスは溜《た》まります。

理由は日本が直面している右肩下がりの経済状況だけではなくて、日本独特の「村」的な人間関係に起因する部分が大きい。だからよけいに、海外のプロジェクトに積極的になる、というところもあります。海外のプロジェクトと日本のプロジェクトとの両方を同時に進めていくことで、建築家としての精神的なバランスを取っているんでしょうね。日本のプロジェクトだけをやっていたら、たぶん精神的にバランスを取りきれないいんじゃないかな。

ただし、そのためにぼくの日常は、一日置きに滞在国を変えていくような、非日常の連続にならざるを得ません。たとえば、二泊三日でフランスに行って、日本にいったん戻った翌日にまたフランス入り。翌日からイタリア、クロアチアでそれぞれ二泊して帰国。その次の週は、チリ、アメリカ、カナダの後にアルバニアとマケドニアに一泊ずつで移動して、早朝に関西空港着の便で帰国。昼は奈良の現場を見て、大阪で打ち合わせをして、夜は京都で講演会、最終の新幹線で東京に帰って、翌早朝に中国に出発。自分でもあきれてしまいます。

「直接会う」が必要な理由

なぜ、そこまで激しい移動をしなければならないかというと、結局、ぼくは映像や文章では物足りなくて、ナマのもの、ナマの人、ナマの場所に出会いたいのでしょうね。旅行をしないと、絶対ナマには出会えないですから。

海外のプロジェクトでは、先方の担当者から、「ぼくと直接会って話がしたい」というオファーがよくあります。そのときは万難を排して現地に足を運ぶようにしています。

たとえば今、スコットランドのダンディーで設計を進めている「ヴィクトリア&アルバート・ミュージアム　スコットランド分館」のプロジェクトでは、コストを調整するという重要な局面のときに、「直接会いたい」というオファーが来ました。先方は、ぼくの事務所が提出したコストを下げる新しい案に、ほかならぬぼく自身が満足しているか、確かめたかったんです。クライアントとしては、コストを下げてもクオリティは下げたくない。その場合、「値段はこういうふうに下げたけれど、それでもデザインの意図は変わりません」ということを、ぼくの口から直接、担保しておく必要がある。

日本だったら「日本語」という共通のプラットフォームがあるので、電話で済むことは多いのですが、海外のクライアントは、言葉が根本的に違うから、ぼくにしても安心できないところがありますし、代理の人間にはまかせられません。

コミュニケーションを大事にすることは、クライアントだけでなく、スタッフに対しても同じです。パリには２００８年に事務所を開きましたが、そこのスタッフとの精神的な一体感を高めるために、パリに出張したときは必ず一緒に街に出て、飲み食いするようにしています。事務所は10区という、東京でいうと上野・秋葉原界隈《かいわい》に似た繊維街にあって、インド人やパキスタン人、中国人、といろいろな人種が集まっている面白い場所なんです。

パリはタクシー事情が悪く、車で移動しようと思うと時間がかかって、余分なストレスを背負ってしまうから、パリにいるときは、事務所を中心にした徒歩圏内で、ホテルも食事もすべて済ませるようにしています。行きつけの店は、近所のイタリアンレストランに決めています。ここはパリでめずらしくアルデンテのパスタを出すところで、ジャン・ヌーベルというフランス一の大御所建築家が、よく一人で来て、パスタを食べています（笑）。

出張の旅程は東京にいる秘書が組みます。第1章でお話しした世界一周などは、選択する航空会社によって、行ける都市と行けない都市があるので、かなりのスキルが必要な仕事です。ぼくは秘書が一所懸命に組んでくれたスケジュールをこなすだけなのですが、全体の旅程は頭に入れず、朝、目覚めたときに「今日は北京にいる」「今日はパリにいる」と、最低限だけをわかっていればいい、ということにしています。前日に翌日のことを考えたり、準備したりはしません。一日のすべては起きてから決めます。

秒速で判断する

以前は小さな手帳を持ち歩き、ごく大雑把な日程だけを書き留めて、一日が終わったら、手帳のその日の欄をエンピツでガ〜ッと消していくのが、ストレス解消でした（笑）。一年前から、その手帳すら持つことをやめました。というのは、モノを持って移動するのが負担だから。

もともと、ぼくはパソコンを持たないことが基本なんです。そういうと結構、みんなから驚かれるのですが、パソコンを持たないからこそ自分を保てている、というところがあります。ぼくが今、出先に持っていくのは、お財布とiPadと、スマホじゃないガラケーの方のケイタイの三つです。その意味で、ぼくの仕事スタイルを変えたのは、iPadですね。２０１０年の春にiPadが出るまでは、図面チェックをケイタイの画面でしていたのですが、それは結構ストレスがかかることでしたので。

建築の図面のような〝大きな〟ものを、ケイタイ画面で確認できるのか、と聞かれますが、パースは小さい画面で大丈夫なんです。デザインがイケてるかイケてないかは、小さくてもわかる。むしろ、小さい画面でも即座にわかる強いキャラクターがないと、建築は成立しません。でも、図面や立面の確認は、正直にいってつらかったです。iPad が登場してからは、その画面を見ながら、ケイタイで相手とやり取りできるようになって、負担がなくなりました。

パソコンを使わないポリシーですから、iPad にしてもメールや図面のチェックに使うだけで、みずから積極的に操作することはしません。iPad には図面に自分でいろいろ書き込めるアプリも入れましたが、実際、使っていないです。というのは、スタッフが送ってきた図面に対して、ぼくが「たとえば」のつもりで入れた線が、彼らにとっては「絶対」になりがちだからということもあります。それではアイディアが固定されてしまいます。ビジネスの場で、パワーポイントが会議を類型化してしまうことに似ていますね。

同じ理由で、スタッフがあまりに洗練されたきれいなドローイングを送ってくると、ぼくは不機嫌になります。「きれいな絵じゃなくて、もっと汚いナマな発想を送ってこいよ、絵でごまかすな！」と、怒鳴ります。

もう一つのナマなものは模型です。模型を見れば一秒で、いいか、悪いかが判断できて、五秒で次に行けます。そのスピードが大事で、これが図面だと五秒では返せない。仕事は秒速で判断していますね。

スタッフが送ってくる図面を iPad で開くと、説明文が付いている場合もあるのですが、それも読まないで、すぐに電話をするようにしています。ぼくにとっては、「すぐに」レスポンスする、ということが一番大事なんです。いちいち読み出すと、レスポンスがどんどん遅れて、時間がたってしまって、効率よく進みません。だから正解でなくても、とりあえず、すぐ意見を投げ返して、その後に疑問が残ると、また考えるようにしています。で、自分の間違いに気付いたら、君子豹変《ひょうへん》す、ではありませんが、「さっきはああいったけど、やっぱり違ってた」と、どんどん訂正していきます。

建築はチームプレイですから、とにかく、パスを回していくことが大事。現代のサッカーだって、一人の選手の、ものすごく芸術的なドリブルではなくて、全体のパス回しで勝負が決まる時代になっているでしょう。

パス回しで大切なことは、レスポンスを「禅問答」にしないことです。禅問答というのは、「オマエ、建築ってこういうもんじゃないだろう」とか、「そもそも建築とは」とかいうアレ（笑）。うちのスタッフは、スタッフ同士でも抽象的な議論はほとんどしません。かといって、ぼくが図面に線を引くと、発想が固定してしまうから、

「ここはもっとバラけた感じがいいんじゃない？」とか「パラパラ感が足りないかな？」とか、そういうナマで、少しバカっぽい指示を出し続けます。

同時に、スタッフには説明の訓練を求めます。ぼくがレスポンスに使える時間は、タクシーの中、空港の待ち時間、寝る前の時間、と限られていますから、質問の要点を絞ってもらいたい。報告しない人はダメですが、報告が長すぎる人もダメです。ぼくに何が聞きたいのかを整理して、簡潔に連絡をしてくるスタッフは、仕事ができます。人に何かを「聞く」というのは、報告の一つで、その報告を上手に重ねて相手を巻き込んでいくのが優秀な人です。

使える人材を見抜くオリジナル面接

東京にある事務所のスタッフは百二十人。パリ事務所のほかに北京にも２００７年から事務所がありますが、そこのスタッフがそれぞれ十五人で、総勢百五十人の人員です。

海外を一日おきに転戦する中で、どのようにコミュニケーションを維持しているかというと、基本は人を信じることです。ぼくは事務所のスタッフの能力を信じています。信じるに足る人材を集めるために、ぼくが独自に編み出した「即日設計」という面接の手法があるんです。スタッフの採用については、全員ぼく自身面接します。志望者に朝十時に来てもらって、一つの課題を出し、十二時間後にその答えをプレゼンテーションしてもらう、というやり方です。

たとえば「東京の表参道に、こういう敷地がある。そこに美術館なり、老人ホームなりを設計しなさい」といった課題を出します。回答は模型でも、CGでも、3D画面でも何でもいい。とにかく十二時間の中で、どんな思考を繰り広げて、表現に落とし込めるか。「即日設計」は、スタッフが急激に増えた2000年代の半ばから導入したのですが、この方法で採用試験を始めてから、間違うことは圧倒的に少なくなりました。

それ以前は、失敗することもありました。設計事務所の面接では、志望者がポートフォリオを持ってくる形が一般的です。ポートフォリオとは二次元の作品集のことですが、それだと今の時代、人の作品をコピー&ペーストして持ってくるヤツもいて、当人の本当の能力がわからなかった。ネットが浸透した今は、コピペに対する罪悪感が、非常に薄まっている気がします。

ポートフォリオだと、説明がただうまいだけ、という人には、何となくこちらも騙《だま》されてしまいます（笑）。説明がうまいアメリカ人を採用したら、それがまさに手と身体の動かないタイプ、ということもありました。

どういうプレゼンテーションがぼくの心を動かすのかというと、課題として提示した「場所」と正面から向き合い、「場所」から問題を抽出して、答えを導こうとする人です。それぞれの「場所」を出発点にできる人は、文字通り地に足が着いている。モノを見るときに、上からではなく下から見るボトムアップのクセが付いているので、実際のプロジェクトでも役に立ってくれます。

反対にダメなのは、日ごろの妄想を、無理やりその課題にあてはめてくる人。結局、自分中心の人です。学問の世界なら妄想のたくましさも許されるのかもしれませんが、建築の現場では何の役にも立ちません。

極論すると、「即日設計」では、その日一日で作った模型を持って立っている姿を見ただけで、採用か不採用か判断できます。自分の手で作り上げた模型の存在感は、どんなに雄弁なプレゼンテーションよりも強いし、間違いがありません。

組織運営も手腕のうち

ぼくのところのような「アトリエ」（個人の名前で運営する建築設計事務所）は、スタッフの国籍もさまざまです。採用試験は通年で行っていますが、それでも中途採用より、新卒を優先しています。中途採用だとどうしても、その前に勤めていた会社での経験を振りかざすような、イヤな、エバった感じが出るからなんです。そうなると、事務所の中にヘンな上下関係ができてしまって、下が上にモノを自由にいえなくなってしまうのです。

ぼくは、「モノを自由にいい合う」ことが、設計事務所では一番大事な空気だと思っているので、そこを壊すような人には入ってもらいたくない。ただ、中途採用にも例外があります。海外の事務所にいた人の場合は、日本の事務所は初めての経験になるので、新鮮な気持ちで取り組んでもらえるし、知ったかぶった風も吹かせられない。日本の組織を経験すると、知らないうちに日本独特のサラリーマン性というか、いらぬヒエラルキー感覚を身に付けてしまうのかもしれません。

また最近の傾向なのか、即日設計の際に、模型を二つ作ってくる人もいるんです。「私はこれもできます、あれもできます」ということで、「隈さんのお好きな方をどうぞ」となるのですが、これも何か妙な傾向です。それはサービス精神というよりは、すべてにおいてリスクを背負いたくない、という気持ちの表れで、日本社会のリスク回避の習慣が、こんなところにまで浸透しちゃっているのか、と愕然《がくぜん》とします。

建築というものは「最終的に自分はこう考える」という責任を取る覚悟があってこそ、成立するものです。採用する側だって、その人の最終的な判断なり覚悟なりを見たいわけです。そこに案を二つ持ってきて、「どっちがいいですか」などと聞かれたら、もうそれだけでこちらは冷めてしまいます。

アトリエで仕事をしたいという人は、終身雇用とか安定性とかではなく、いずれ独立したいという気持ちを持っている人で、その意味では全員が非会社員志向です。だからといって、「勉強させてもらいます」と来られても、これはこれで困るんです。ぼくたちは、クライアントのためはもちろんですが、後世に残る建築を作るために、自分たちの限られた時間を捧《ささ》げているわけで、そこには常にシビアな時間の収支と、大きな責任が生じていきます。

日本人は「勉強」の姿勢を尊びますが、事務所は学校ではありません。たとえば、うちの事務所に五年いるのなら、その五年の間にスタッフとしての責任を果たすことも、はっきり自覚してもらいたい。

そのためのモチベーションの確立は、まさしくぼくの責務です。絶えず高い目標を掲げて建築に取り組む姿勢を見せなければいけない。見せるだけじゃなく、その高い目標を、言葉にして伝えていかないといけません。メディアの取材に応《こた》えたり、本を出したり、事務所や現場のどこかでつぶやいたりと、すべての機会を通して、自分の姿勢を言葉でリピートしていくしかありません。毛沢東も「革命家は理想をいい続けないといけない」と、どこかで書いています（笑）。

けなされたくないんです

ぼくは今、大学でも教えていますが、建築界の後進たちには、「日本にいたらダメだ」といい続けています。とりわけ学生は、グローバリズムの凶暴性や、管理社会の厳しさというものもまだ、肌身に染みてわかっていないわけです。日本にいて、大学を出れば、自動的に過去のスターのように、自由に絵が描ける建築家になれると思ってしまう。何度もいっている通り、そんな時代はもう、とっくの昔に過ぎ去りました。というか、建築教育を受ければ自動的に建築家になれる、などという考え自体が、そもそも甘い幻想なのですが、日本社会の決定的な変質に、若い連中はまだ気付いていないのです。

現代の学生に顕著な傾向があります。建築という分野を選んだ者でさえ、表現というどろどろしたものに、立ち向かわなくなってきているんです。自分の内面をちょっとだけ出した課題を提出し、先生から少しでも批評を受けようものなら、即座に傷付いて、「もういいです」と引いてしまう。でも、建築に限らず、何か一つの分野なり職業なりを極めようと思う場合は、どんな時代にいたって、他者からの批評を受けることは必然ではありませんか。ましてや、現実のすべてのどろどろが関わってくるのが建築です。そういった、いろいろなものを引き受けようとすることに関しては、みんな及び腰になっていますね。

ですから彼らには、「ブザンソンがこうなっちゃった」とか、「歌舞伎座がこれこれで難しい」とか、ぼく自身がひどい目に遭っている話を、リアルタイムでしています。それによって、建築家にとって、傷付くこと、傷付けられることが、どんなに重要かを伝えたいんです。

大学の先生という地位に就くと、だいたい自慢したくなるというか、やっぱり自分を聖人化したくなるんですよ。どろどろの部分は封印して、いかに自分はスマートに成功したかを、どこかのグラビア誌の記事みたいに、語りたくなる。だから建築を志す学生も目がくらんで、世に知られた建築家とは、ものすごくスムーズに成功への階段を上っていったものなんだ、と勘違いしてしまう。

実際、ぼくの上の世代で暴れた建築家たちも、自分語りをするときには、どろどろのところは、きれいさっぱり割愛します。建築を作るという行為は、確かに表現とか創造とかの発露ではあるけれど、一方で、環境に対する負荷であったり、場所の記憶を消滅させることであったりと、ある種の犯罪性も帯びているわけです。そういう、自分の行為に対する懐疑をみじんも持たないまま、世に向かって発言すると、とんでもない害悪を撒《ま》き散らすことになる（笑）。

建築家の現実というものは、そんな武勇伝的に語れることではありませんし、もしクライアントや世の中からひどい目に遭わされたとしたら、それは建築家の方にも原因があるからなんですよ。ぼくはそこを間違えたくないし、若い人たちにも勘違いしてもらいたくなくて、「君たちが目指している建築家という職業は、イメージとはぜんぜん違って、とんでもなく大変だ」と、自分がひどい目に遭った体験と、人をひどい目に遭わせてしまった体験を、できるだけ具体的に伝えようと思っています。

自分を疑えて幸せだった

ぼくは全共闘時代の後に登場した世代で、ぼくの前には、「強い」団塊の世代がいました。

彼らは20世紀工業化社会への批判を試みましたが、一方的な利他みたいなものを大声で主張した彼らの論理構造は、実はとてもアメリカ的なんです。まず人間の弱さを認めないところがアメリカ的で、彼らが唱えたユートピア的社会観には、とても付いていけないなあと、学生のころから少し上の人たちをそうやって見ていました。ユートピアはすべての人を救うようでいて、その実、別の排除や差別を伴って、新たに弱い人たちを生み出します。

その全共闘的なユートピア主義に対して、ぼくは高校生のころから、「だましだまし」のやり方で、弱い人たちのための社会が作れないか、と漠然と思っていました。彼らの挫折《ざせつ》を見て、利己と利他とは二つに分けられるものでなく、むしろ複雑にからみあっていることこそ、人が生きる本質なんだ、と理解した。同世代で学生のころからの友人である妹島和世さんとも、そういうポスト全共闘的な感覚は共有しています。論争すると、たいていユートピア論の方が勝つんです。「だましだまし」なんていったら、「何だよ、それは」と、一笑に付されて終わり。だから、若いころのぼくはニヒリズムで全共闘世代に対抗していたんですね。そのニヒリズムが現場に出会って、「だましだまし」に変わっていったわけですが、「だましだまし」の粘り強さがないと、いい建築は作れないんです。不思議なことに、全共闘世代には建築家はいません。論争、ディベートには強くても、実際に建築を作ることには向かないのです。

反対に、今どきの若い建築学生は、論争にもあまり興味を示さず、建築の仕事をするときに直面する面倒くさいものは切り捨てて、「とんがった作品を一つ作って、アーティストになって、世界で売れればいいじゃん」と、簡単に夢を描いている。若さゆえの楽天性といえばその通りかもしれませんが、そこには、全共闘世代とはまた別の、自己懐疑の薄さを感じます。

そもそも自己懐疑というもの自体が、ある過渡期の産物のような気もします。ぼくたちの世代でいえば、全共闘的なものが崩れ去っていく過程を見たからこそ、自己懐疑も自己否定も生まれた。そういう、ある時代的な条件が、自己懐疑の発生には必要なんじゃないかと思います。

その意味でいえば、今の若い人たちは、企業社会の枠組みが崩れる中で、生き残ることに必死だから、自己懐疑なんかしているヒマもないでしょう。皮肉な話ですが、自己懐疑ができたぼくは、高度経済成長期に育って、まだゆとりのある世代だったのかもしれない。

　今のぼくはきわめて楽天主義ですが、この複雑で厳しい現実を生き抜いていくために、ニヒリズムを経過したことは無駄ではなかったと思っています。

反ハコの集大成「アオーレ長岡」

　ぼくの語りも最後に近づいてきました。その中で、近年、日本国内で手がけた建築、長岡市庁舎の「シティホールプラザ・アオーレ長岡」(以下、アオーレ長岡)について、お話ししたいと思います。(227頁《ページ》写真)
　アオーレ長岡(2012年)は、ぼくが取り組んできた反ハコ、反コンクリートの集大成みたいな建築で、建物そのものだけでなく、その過程も含めて非常に面白い体験でした。
　立地はJR長岡駅前です。それ以前の長岡市役所は、町のはずれに建つコンクリートのハコでした。20世紀の工業化時代の公共建築は、町の中心から、外へ外へと出て行きました。拡大の時代とともに大きくなっていく公共建築のためには、町の外にある広い敷地が必要だったのです。田んぼをつぶして大きな駐車場を作り、その真ん中にコンクリートのハコを作るという手法が日本全国で採用され、もちろん長岡もその例にもれませんでした。

しかし、このハコモノの手法によって、町の暮らしは破壊されていきます。市役所と同じように、町はずれに建てられたスーパーマーケットも、商店街に空洞化をもたらし、中心部はいつからか、さびれた哀《かな》しい場所と化していきました。

それ以前に遡《さかのぼ》っても、長岡は歴史上、何回もひどい目に遭ってきた土地です。幕末の戊辰《ぼしん》戦争では、お膝元《ひざもと》の長岡藩が官軍と壮絶な戦いを繰り広げて、惨敗《ざんぱい》します。明治になると、制裁の意味で長岡のお城は解体されて、その跡は駅になりました。長岡の人たちにとって、どんなに悲しく苦しい経緯だったことかと想像します。

2004年に起きた中越大地震でも、この土地は大きな被害を受けました。長岡市山古志《やまこし》にいくと、今でも地面は裂けたままで放置されています。真っ黒い土が露出した大地の裂け目を見たとき、なぜかそれが長岡の人たちの寡黙《かもく》な打たれ強さと重なり、思わず目頭が熱くなりました。

その打たれ強い長岡の人たちは、市役所を建て替えるにあたって、こんな時代の流れを反転しようと思い立ちました。まず立地を町はずれから中心部に戻して、町その

「シティホールプラザ・アオーレ長岡」(新潟県長岡市、2012年。アリーナ、ナカドマ、市役所が一体となった市民交流の拠点。アオーレは、土地の言葉で「会おうよ」の意)

ものを再生しようと志したのです。新たな立地に選ばれた長岡駅前は、かつて長岡城があった跡地です。江戸時代の長岡城は町のど真ん中にあって、町民も自由に出入りが許されて、開放的、民主的なお城として有名だったそうです。長岡市役所の建て替えは、そんな長岡の歴史を再生するという、長岡人の誇りをかけた復活のプロジェクトでした。

ぼくらがコンペに提案した案は、まったく外観というものがない建築でした。どういうことか？　と思われるかもしれませんが、要するに、建物を隣地とぴったり付けて建てるので、どこからも外観が見えなくなるのです。

それは、外観が目立つことが重要だった

20世紀の公共建築への異議申し立てです。20世紀の公共建築では、お上の権威を示すために、建築の自己主張が重要でしたが、しかし、そんなものはもう必要とされていません。むしろ恥ずかしいだけです。

では、21世紀の建築に一番大切なことは何か。歌舞伎座のときと同じく、長岡でもぼくは自問自答を繰り返しました。市庁舎という「物質」を通じて、そこにどんな「絆《きずな》」を築きあげることができるか——たとえ震災が起こって物質が粉々に砕かれ、ガレキと化してしまった後でもなお、その地に残るような絆を構築できる建築について、ずっと考え続けました。

下から目線で「絆」ができる

アオーレ長岡では外観をなくす代わりに、大きな中庭を作って、そこに「見えないぬくもり」を実現することが、ぼくらの挑戦でした。写真に写らないぬくもり、映像に映せないぬくもりというものを作りたいと思ったのです。具体的には、市庁舎という大きな空間の中に、内臓のような「土間」を設けました。

「ナカドマ」と名づけたその空間の床は、土を固めて作りました。土を通じて大地とつながっている感覚は、人間の精神状態そのものを変えていきます。

壁には木をたくさん使いました。それも、市庁舎の立地するところから15キロメートル圏内の森で採れる「越後杉」しか使わないと、ぼくたちは宣言しました。その木は節だらけで、表面の荒々しい皮がついたままだし、幅の寸法もバラバラです。その荒々しさ、バラバラな質感こそが、建築をあたたかくし、人の絆を喚起するのです。仰々しい建物の外観が消え去って、中庭にある土と木の質感だけが残る。それがぼくの意図したことでした。

中庭空間を作って、土間を設けて、地元産の木を使えば、絆が生まれてくるのかといえば、そんな簡単なわけはありません。

このプロジェクトでは、市民が建物のどこで何をしたいか、そのためにはどんな空間、どんな場所が必要となるのかについて、地元の人たちと、ワークショップを何度も繰り返しました。ワークショップのときは五十分の一という、かなり大きな模型を用意しました。通常、この規模の建築だと模型は百分の一、あるいは二百分の一のサイズになります。五十分の一は異例の大きさで、運ぶのも大変でしたが、議論が抽象的にならないためには、この大きさが必要だったんです。

模型のないワークショップでは、どうしても議論が抽象的、形而上《けいじじょう》的になります。

「そもそも市民とはこういうものだ」とか、「そもそも公共建築とは、このようなものであるべきだ」とか、目の前の長岡駅前の、泥くさい、どうしようもない現実を通り過ぎて、議論ばかりがカッコよく、上滑りしてしまうのです。

でも、模型があると、「この中庭でミニコンサートをやりたい」「この部屋で茶道教室をやりたい」と、具体的なところに話が降りてきます。当事者たちの要望が、議論の抽象性なんかと関係のない、ナマっぽくて現実的な言葉で語られるようになります。その現実的な言葉が集積していった末にリアルな建築が生まれるのです。それこそ3・11の以前から、すべてが無になってしまっても、消すことのできない人間同士の絆を創造するやり方はないかと、ひそかに模索を重ねていましたが、長岡の市民ワークショップからは、そのヒントを教えてもらったと思っています。建築は上からできていくのではなく、下から作っていくもの——その一番大事なことを、長岡で設計しながら学ぶことができたのです。

対話の積み重ねがあったからこそでしょうか、アオーレ長岡は完成後に、ぼくたちの期待をはるかに超えて、市民に愛されるようになりました。市庁舎が4月に完成してから、長岡市長からは毎晩のように、ぼくのケイタイに電話が入りました。

「隈さん、今日も市役所に、たくさんの人が集まっている。なぜかわからないけど、ナカドマにたくさんの人が集まって帰らないんだよね」

宿題をする中学生、高校生。毎日ダベりにくるおじいちゃん、おばあちゃん。ナカドマには、すでにこんな常連もできたそうです。建築という物質はいずれ腐って、だめになっていきます。しかし、ここでできた絆は、人々の心の中で生き続けます。

ディスコミュニケーションだって、コミュニケーションだ

長岡では「市」とも「市長」とも、とても波長が合いました。プロジェクトのリーダーだった森民夫市長は一級建築士でもあり、徹底した現場主義者、リアリストでした。そこがぼくと似ていて、通じ合えたのだと思います。

１９９０年代から二十年以上にわたるおつきあいの中で、四つの建築を設計させていただいた高知県梼原《ゆすはら》町とも、波長の合い方は抜群でした。

梼原をたずねたきっかけは、１９４８年に建てられた木造の芝居小屋「ゆすはら座」の保存運動への協力を、高知の友人から頼まれたことでした。保存運動に関わるうちに、町の人たちと仲良くなり、そこから町の建築を作らせてもらえることになりました。「雲の上のホテル」（１９９４年）を皮切りに、継続したお付き合いの中で、

「梼原町総合庁舎」（2006年）、「木橋ミュージアム」（2010年）（233頁写真）、「マルシェ・ユスハラ」（同）がこれまでに完成しました。今でも梼原を訪れるたびに、親戚《しんせき》の家に行ったときのように歓待されて飲みまくります。不思議な縁を感じますが、父方の祖母が高知出身だったので、きっとおばあちゃんが取り持ってくれたのでしょう（笑）。

とはいえ、波長が合うことが、いい建築の絶対条件ではないのです。関係者と波長が合わなくても、面白い建築になることはあります。その意味で、ディスコミュニケーション（意思疎《そ》通《つう》が欠けた状態）の効用というものも、確かにあると感じています。話がうまく嚙《か》み合わないプロジェクトで、「ストレスがかかるなあ」なんていいながら、ほかならぬぼく自身がディスコミュニケーションを面白がっているところがある。

ディスコミュニケーションに行き当たったときには、それを文章にしてみると、自分の思考についても整理できるし、それをメディアで発表したりすると、思わぬ共感を寄せられたりもします。ディスコミュニケーションは、建築家だけではなく、世の中のみんなが日常的に体験している話ですから、それによって、建築家という一見、浮世離れして見える存在も、ぐっと身近に感じていただけるのでしょう。

ディスコミュニケーションだけでなく、ユートピアか「だましだまし」か、という

「木橋ミュージアム」(高知県梼原町、2010年。各公共施設をつなぐ連絡通路兼ギャラリーで宿泊施設も含む。右写真は橋近くの横から見たもの)

せめぎ合いも、利己と利他のせめぎ合いも、根にある命題は同じです。命題に伴う葛藤《かっとう》は、建築をやっている人も、やっていない人も、身に覚えのあるものですから、ぼくが体験している苦しさについては、機会があるごとに、メディアを通じて世の中に伝えるようにしてきました。そのような中から誕生した建築は、ぼくの中のさまざまな葛藤と、ぎりぎりのせめぎ合いの記念碑みたいなものです。心の内を世の中に向けて表明するのは、結構恥ずかしいことですが、結局、ぼくという建築家は、そういう行為に関心がある建築家だというわけです。

「楽しさ」を真剣に楽しむ

ぼくの話や書くものは、どうしても小難しくなりがちで、建築評論の世界以外の人たち、つまり圧倒的多数の方々にとっては「わかりにくい内容だ」と、いわれ続けてきました。でも今は、少し変わってきています。たとえば歌舞伎を語っても抽象論ではなく、役者さんの「家」として歌舞伎座をとらえたらどうだろうか、というように、もっと現実的なところに行くようになりました。

文化性とか芸術性とか、そういったヘリテージ（遺産）がありながら、歌舞伎役者が一番気を配らなくてはいけないのは、結局、自分というブランドをいかに確立するか、ということだと思います。自分という個人ブランドをどうやって確立し、どうやって回し続けていけるか。ぼくはそこに強く共感してしまうんです。

自分のブランドを確立して、それを死ぬまでメンテナンスして、回し続けていこうとしたとき、その模範になる一つが歌舞伎役者のあり方じゃないでしょうか。だって彼らは、舞台を終えて、へとへとに疲れていたって、楽屋に訪ねてきたお客さんがいれば、深々とお辞儀をして「ありがとうございます」というんですよ。

亡《な》くなった中村勘三郎さんとは、一緒に飲んだりしながら新しい歌舞伎座のあり方についていろいろと語り合いました。そのときに見聞きした様子から「ああ、歌舞伎役者も建築家と同じだ」と何度も思わされました。

個人の確立は、これからサラリーマン社会が崩壊した後、日本人全員が取り組んでいかなければいけない大きな課題です。

歌舞伎にしても、過去の大いなる遺産がある中から、自分個人を立ち上げられた人たちが次にバトンをつなげてきたわけですし、だいたい、もう過去の遺産に依存して食っていけるような世の中じゃない。

ぼくのような者でも、建築の講演をした後には、学生たちにサインをねだられるのですが、中国なんかでやったら大変です。ノートにサインしてくれ、というのはまだいい。ひどいのは、メモ用紙の切れっ端や、講演会の入場チケットを持ってきて、「ここにサインしてください」って。「おいおい」と、心の中でツッコんでいますが(笑)、そういう学生たちを相手に、講演をして、一緒に写真を撮って、握手して、と、どこまで求められているのかわかりませんが、ファンサービスをしながら世界を回って歩く、というのがぼくらの仕事のかなりのパーセンテージを占めているわけです。

建築の仕事とは、自分の財産をなげうっても足りないということの連続なわけです。いや、自分の財産をなげうって何とかなるものだったら、まだいいかもしれないけど、たとえば自分の設計で人に何百億円もの損をさせてしまったら、本当に取り返しがつかない。そういうプロジェクトを繰り返し手がけていくと、「ぼくの表現はこうです」とかこだわっている場合じゃなくなる。

代わりに、自分を動かすエンジンとして、「長い時間に耐えうるソリューションを見つける」という目的に向かって、全力をかけるようになります。今、ぼくの中では、自分の名前を残すというより、後世でも愛され続ける建築を作りたいという気持ち、楽しい人たちと一緒に楽しく仕事をしたいという気持ちが一番強くなっています。建築は形がはっきり見えるものですから、建築家は結果至上主義者と人には思われるかもしれませんが、世界中で切った張ったをやり続けるうちに、「楽しさ」という基本が一番大事なんだと、今さらながら気付きました。

もちろんプロフェッショナルとして、結果の完成度に関してはこだわります。でも、しょせんそれは形に過ぎない。何かが生まれるプロセスを、真剣な思いの人たちと共有する楽しみの方が、はるかに上です。それと完成度は表裏一体で、プロセスが楽しい方が結局、完成度も高くなる。楽しい状態をまず作らないと、その先の完成度は期待できないのです。

その出会いを求めて世界中を回り、あまり強くもない酒をせっせと飲んでは、心を裸にして語り合う。すると向こうも裸になって、どっちの弱さもどんどん明るみに出ていって、本当の信頼関係が生まれてきます。人間はとても弱いものだから、建築を作るのです。仲間と一緒に作るのです。

あとがき

清野由美

建築家、隈研吾の現在をいい表すと、多忙、の一言に尽きるだろうか。

雑誌のインタビューで、私が隈と初めて出会ったのは二十年以上も前に遡《さかのぼ》る。以来、この建築家の軌跡を眺めながら、『新・都市論ＴＯＫＹＯ』『新・ムラ論ＴＯＫＹＯ』という、東京をめぐる対話篇も刊行してきた。

隈を眺め続ける年月とは、一個の人間が限界まで疾走する姿を眺め続ける日々、といい換えることができる。

その忙しさの合間の、ほころびのような時間を見つけて、本書のインタビューは進められた。知人から「夕方、地下鉄のホームで隈さんを見たよ」と連絡をもらい、あ、東京におられるんだな、と留守電に用件を入れておく。翌朝、本人からコールバックが来る。「今、どちらにいらっしゃいますか？」「うん、アスペン」「そこ、どこ？」というやり取りが、ひんぱんにあった。

１９８０年代の後半、バブル景気のもとで、それまで見たこともない建築が日本中にバンバン建った時代に、建築界の若き論客として、彗星《すいせい》のごとく登場したのが隈研吾だった。建築は、工学、数学、経済、文学、政治、外交、社交と、あらゆるアカデミズムと世俗パワーのバランスの上に存在する。しかし、その中心に作り手の思想と哲学がなければ、最終的には成立しない。その意味で批評の能力とセンスは、建築家を形作る重要な要件となる。

当時のスター建築家による数々のバブル建築を、揶揄《やゆ》を交えながらクールに、切っ先鋭く批評していく隈の姿は、まさしく次代のスターたる輝きに満ちていた。その直後、満を持して設計に臨んだ大型プロジェクトで、世の中から大ブーイングを浴び、一転して大きな挫折《ざせつ》を味わうのは、本書にある通りだ。

通常、イメージされる「都会派」とは逆に、隈の本領はバブル後、20世紀最後の十年を過ごした日本の地方にこそある。

東京の仕事から干された隈には、愛媛、栃木、宮城、高知と、東京以外の場所から次々と声がかかり、立地や予算の制約にさらされながら、「その土地ならでは」の建築を発見していった。

凡庸な建築家は、「その土地ならでは」を「土着」に結び付ける。しかし、隈がそこに作ったのは土着の建築ではなかった。

たとえば、ある企業のゲストハウスとして、熱海の丘の上に建てられた「水／ガラス」（1995年）。その建物の「リビングルーム」を目にしたときの衝撃は、今でも忘れられない。ガラスでできた楕円《だえん》形の空間の周囲に、浅い池が張り巡らされ、きらきらと光を映す水面が、そのまま眼前の雄大な太平洋に連なる。建物も、その外部も、さらにその外部である自然も、全部が一つに融《と》け合う繊細なグラデーション。作り手による、何かとんでもない想像力の飛躍の中で、自分という「物質」も周囲に融けて流れていく感覚――。

とんでもない飛躍は、「水／ガラス」に限らない。その前に完成した「亀老山《きろうさん》展望台」（愛媛県）で、隈は建物を丘の中に埋めていた。その後の「那珂川《なかがわ》町馬頭《ばとう》広重《ひろしげ》美術館」（栃木県）では、大きな切妻屋根を、通常の建築材とはかけ離れた「木」で作ろうとした。「なぜか」は、本文の通りだが、日本の地方という、合理よりも人間関係が何よりも優先される場所で、自己の理想を追求することは、なまやさしいことではない。どちらも、もう少し簡便に、それらしい建築を作ることは可能だったはずだ。しかし隈は、日本の地方という、ゆるく、まったりとした場所に身を置きながら、「それらしいこと」を全力で拒否していた。どこまで行っても、やっぱり都会的で鋭い批評者であることは、変わらなかったのだ。

日本は世界的な建築家を輩出しているが、隈のすごいところは、80年代のデビューから一貫して、時代の最先端に位置していることだ。90年代の日本の地方は、反・20世紀という意味で最先端だった。

その後、２００２年完成の「ＡＤＫ松竹スクエア」を皮切りに、隈は再び都会派として返り咲き、「ＯＮＥ表参道」「サントリー美術館」「根津美術館」と、21世紀東京を象徴する建築プロジェクトを連続して手がける。そして２０１３年、歌舞伎座《かぶきざ》の建て替えで、名実ともに日本の建築史に名を刻むことになる。

しかし、本書で語られる自己像は、その栄光とは別に、自らを規定するさまざまな拠《よ》りどころからはぐれた中で、揺らぎ続ける「弱いぼく」である。

まず、育った家では、明治生まれの父親が体現していた、戦前の父権的な価値観になじめなかった。

かといって、戦後、日本を席巻《せっけん》したアメリカ的な価値観にも、染まれなかった。全共闘には遅れた世代だった。

しかも、ル・コルビュジエやフランク・ロイド・ライト、安藤忠雄という建築界の変革者と違って、本流のエリート教育を受けてしまっていた。栄光学園から東大、大学院というコースは、日本の代表選手として一点の曇りもないものだが、それは同時に、枠外のパワーに恵まれなかった、ということでもある。

どこにも自分の拠って立つ場所はない、という自己懐疑のクセは、子供のときから隈研吾という人間を貫いてきた原理だ。そんな原理を抱えた人間が、「建築界」という、人間の最上の美質から最悪の本性まで、あらゆる要素が渦巻く世界を渡っていこうとしたとき、道はどうしたって、狭く、孤独なものにならざるを得ない。

だから、隈は「道」など早々に見限った。サーファーがボードを波先でバランスさせるように、時代という波間のほんのわずかな一点に身を置くことで、常に方向転換を可能にし、自己懐疑から自己更新へと、自身を飛躍させてきた。

天才は刻一刻と自己更新していく。前回はああいったのに、今回はまったく違うことをいい出す。思考を凡人の及ばないところにどんどんと飛躍させていく。

本書の原稿にもぎりぎりまで加筆と修正が加えられた。その意図を咀嚼《そしゃく》し、文脈に流し込む作業は、建築に携わる人が現場で土と汗にまみれながら、レンガを一個一個積み上げていくことに、うっすらと通じる気がする。作業は、うきうきとした楽しいものではない。ただ、一つの完成したイメージに向かっていく、その達成の予感が自らを励ます。

その達成感をようやく味わえるか、と思った最終の締め切り間際《まぎわ》に、隈からはさらに加筆が入った。聞けば、移動中の国際線の中でアルコールを飲んでいたら、書きたいことがあふれ出てきたとのこと。機上の暗闇《くらやみ》は、地上で光を受けて過ごす時間とは違う妄念を、心の奥から呼び覚ます。建築家が抱える葛藤《かっとう》が染《し》み込んだ殴り書きを読んで、私は隈研吾という天才がいったん、大嫌いになった。いくら聞き書きとはいっても、負えないものだってある。

しかし、一息ついて、気持ちを落ち着けたら、「泥のような現実」に立ち向かうこの天才が、何を本当に大事にしているのかが、以前よりも、もっとよく見えてきた。隈がつぶしてきたのは、聞き手の作為が入った箇所だ。気を付けていても、ついつい使ってしまう陳腐な慣用句と、ありきたりな展開、結論付け。その代わりに、弱っちく繊細な、「本当の」自分を、文章の主体としてぶつけてきたのだ。それは、聞き書きという手法の限界を超えようとする、自己更新の一種だったと、今なら思える。
折々に生じる小さな疑問や問い合わせに対しては、ロンドンから、エジンバラから、パリから、北京から、バンコクからと、世界のあらゆる場所から、素早いレスポンスが返ってきた。十秒に満たない会話もたくさんある中で、風邪声を聞いたりすると、多忙ぶりが気になった。それでも記憶に残るのは、いつでもゆったりと余裕のある雰囲気だから、不思議だ。
一人の建築家の軌跡は最後に、「何かが生まれるプロセスを、真剣な思いの人たちと共有したい」というシンプルな一文に行き着く。内にプリズムのような屈折を持つ人による、この、わかりやすく、突き抜けた境地を書き留めたとき、一度、遠い距離を感じた天才への個人的な感情は消えていった。何といっても、この言葉には希望がある。

本書の完成まで足かけ五年の時間は、新潮社出版部の足立真穂さんに支えられた。的確で落ち着いたフォローに、心よりお礼申し上げます。

2013年2月

（きよの・ゆみ）

ジャーナリスト。1960年東京都生まれ。東京女子大学卒業後、英国留学、出版社勤務を経て、91年に独立。時代の前線を行く人物インタビューを手がける一方で、内外の都市開発、建築、デザインなど広く取材。著書に『住む場所を選べば、生き方が変わる』（講談社）他。

だから走りたくなってしまう（文庫版あとがき）

隈　研　吾

文庫になったということは、建築家の生活というものに、一般の人が、関心をもってくれたということだろうか。建築デザインの業界をこえて、関心がひろがっただろうか。

それは建築ブームといったものとは、まったく別の動機によるものだろうと、僕は感じている。むしろ「反建築ブーム」とでも呼んだ方がいいものが、この社会的関心の背後にあると、僕は強く感じるのである。

「反建築ブーム」とは何だろうか。わかりやすい例が、「新国立競技場問題」である。「アンビルト（建たない建築）の女王」と呼ばれていた、イラク出身のイギリスの女性建築家ザハ・ハディドが設計した、東京オリンピックのための八万人収容の競技場が、「とんでもないデザイン」であったために、何百億かの税金を無駄遣いし、さらに外苑《がいえん》の環境を破壊しようとしていると、一般の人々は感じている。建築が建つ前にすでに、炎上したのである。建築というのが、あまりにもヴィジュアルであり、見えすぎてしまうから、炎上するのである。建築というのは、「見えすぎ」という宿痾《しゅくあ》をもっているからなのである。

「見えすぎ」は、すべてが電子的にやりとりされて、見えにくくなっていく一方の社会の中では、きわめて異質、異例な現象である。

様々な決定がなされ、様々な力がせめぎあった末に、一つの決定がなされる。その決定自体も見えにくい。しかし、その決定が「建築」という形をとったとたんに、突然、丸見えになる。丸裸にされてしまう。ザハ・ハディドの競技場のように。

その丸裸の姿を見て、人々は唖然《あぜん》とし、怒り狂うのである。建築にならなかったなら、気づかなかったかもしれない。平気でパスしてしまったかもしれない。社会の矛盾、ゆがみ、問題が、「建築」という方式をとった途端に、丸見えになって炎上するのである。そして、もしそれが建ったとしたら、ほぼ永遠に丸裸にされたままで、建ち続ける。

形も質量もない電子ネットワークの中で、すべてがつながり、からみあい、相互監視しあっている網の目状の社会の中で、建築だけが、丸見えの特異点として、突出し、孤立しているように僕は感じる。

新国立競技場に限った話ではない。街の中に、ひとつのマンションが建つ時だって、同じようなことが起こる。政治、経済、社会の複雑なディシジョンの結果が、あのマンションなわけであるが、形として見えた途端に、人々は炎上する。そしてその責任者として、建築家が断罪される。

社会の全員が、かつてないほどに臆病《おくびょう》になっているのである。断罪されたくない、炎上の対象になりたくなくて、ビクビクしている。国をリードする、トップの政治家ですら、ビクビクしている。おっかなびっくりしながら、かろうじてブログやツイートで、存在だけは消えないようにつとめている。

しかし、建築家だけは、必然的に丸裸であり、無防備たらざるをえない。それでも建築家をやめないのは、社会の矛盾、ゆがみ、問題を、一つの建築が奇跡的に解決するかもしれないという、ありもしない一瞬を夢見ているからなのである。

こんなに、喜劇的、悲劇的な存在があるだろうか。あわれみをもって、好奇心にかられて、人々は建築家の生態を観察するのである。

このような社会の中で、建築家は走っているのではなくて、逃げているのかもしれないと、僕は思う。建てた場所にとどまっていられるような、勇気のある建築家はいない。とどまって周囲の断罪に耐えていられるとしたら、鈍感なのかもしれない。忙しいから走っているのではなく、グローバルな世界になったから走っているわけではなく、そこに居続けることができないから、走っているのである。

そして、実は建築家だけが、走らなければいけないわけでもない。人は誰でも結局のところ、リアルな世界を生きて、リアルな世界に食わせてもらっている。誰でも丸裸で、リアルな世界の中にさらされているのである。ネットで何をささやこうと、誰になりきろうと、この身体はリアルな世界から逃げることはできない。

それはとても恥ずかしくて、苦しいことである。だから走りたくなってしまう。建築家はそんなみんなの苦境を先取りし、代弁して、まず走る。

二〇一五年七月

協力　隈研吾建築都市設計事務所（稲葉麻里子）

写真・図版

・歌舞伎座

「第一期歌舞伎座」（62頁）、「第二期歌舞伎座」（62頁）、「第三期歌舞伎座」（63頁）　写真提供：松竹株式会社

「第四期歌舞伎座」（63頁）Ⓒ松竹株式会社

「第五期歌舞伎座完成予想図」（71頁）　提供：松竹株式会社・株式会社歌舞伎座

・建築作品

写真提供：隈研吾建築都市設計事務所（撮影者は作品名の後）

「竹の家」（29頁）（淺川敏）、「亀老山展望台」（139頁２点）（藤塚光政）、「水／ガラス」（141頁）（藤塚光政）、「森舞台」（145頁）（藤塚光政）、「石の美術館」（147頁）（藤塚光政）、「那珂川町馬頭広重美術館」（151頁）、著者の実家の写真（177頁２点）、「アオーレ長岡」（227頁）（藤塚光政）、「木橋ミュージアム」（233頁）（太田拓実）

・著者写真（237頁）　新津保建秀

・図版

「サヴォア邸」（101頁）　Creative Commons; Villa Savoye /Author Valueyou

「ロビー邸」（107頁）　Creative Commons; Robie House by Frank Lloyd Wright in Chicago, Cook County, Illinois, USA /Author Lykantrop

「ニュートン記念堂計画案」（187頁）　Creative Commons; Sujet : Projet de cénotaphe à Isaac Newton-Vue en élévation/Date : 1784/Auteur : Étienne-Louis Boullée/Source : BNF-Base Gallica

本書は、冊子『小布施ッション 13』、『日経ビジネスオンライン』（2012年３月27日〜５月22日、全７回）、『芸術新潮』（2011年８月号）の内容を参考にしつつ、５年の間に重ねたインタビューを基にまとめたものです。

本書は、二〇一三年二月新潮社より刊行された。

新潮文庫最新刊

結城真一郎著

名もなき星の哀歌

新潮ミステリー大賞受賞

記憶を取引する店で働く青年二人が、謎の歌姫と出会った。謎が謎をよぶ予測不能の展開の果てに美しくも残酷な真相が浮かび上がる。

堀川アサコ著

伯爵と成金

―帝都マユズミ探偵研究所―

伯爵家の次男かつ探偵の黛望《まゆずみのぞみ》と、成金のどら息子かつ助手の牧野心太郎が、昭和初期の耽美と退廃が匂い立つ妖しき四つの謎に挑む。

福岡伸一著

ナチュラリスト

―生命を愛《め》でる人―

常に変化を続け、一見無秩序に見える自然。その本質を丹念に探究し、先達たちを訪ね歩き、根源へとやさしく導く生物学講義録！

梨木香歩著

鳥と雲と薬草袋／風と双眼鏡、膝掛け毛布

土地の名まえにはいつも物語がある。地形や植物、文化や歴史、暮らす人々の息遣い……旅した地名が喚起する思いをつづる名随筆集。

企画・デザイン 大貫卓也

マイブック

―2022年の記録―

これは日付と曜日が入っているだけの真っ白い本。著者は「あなた」。2022年の出来事を綴り、オリジナルの一冊を作りませんか？

窪美澄著

トリニティ

織田作之助賞受賞

ライターの登紀子、イラストレーターの妙子、専業主婦の鈴子。三者三様の女たちの愛と苦悩、そして受けつがれる希望を描く長編小説。

新潮文庫最新刊

三川みり著

龍ノ国幻想1
神欺く皇子

皇位を目指す皇子は、実は女！　一方、その身を偽り生き抜く者たち――命懸けの「嘘」で建国に挑む、男女逆転宮廷ファンタジー。

津野海太郎著

最後の読書
読売文学賞受賞

目はよわり、記憶はおとろえ、蔵書は家を圧迫する。でも実は、老人読書はこんなに楽しい！　稀代の読書人が軽やかに綴る現状報告。

石井千湖著

文豪たちの友情

文学史にその名の轟く文豪たち。彼らの人間関係は友情に留まらぬ濃厚な魅力に満ちていた。文庫化に際し新章を加え改稿した完全版。

野村　進著

出雲世界紀行
―生きているアジア、神々の祝祭―

出雲・石見・境港。そこは「心の根っこ」につながっていた！　歩くほどに見えてくる、アジアにつながる多層世界。感動の発見旅。

髙山正之著

変見自在
習近平は日本語で脅す

尖閣領有を画策し、日本併合をも謀る習近平。ところが赤い皇帝の喋る中国語の70%以上は日本語だった！　世間の欺瞞を暴くコラム。

永野健二著

経　営　者
―日本経済生き残りをかけた闘い―

中内㓛、小倉昌男、鈴木敏文、出井伸之、柳井正、孫正義――。日本経済を語るうえで欠かせない、18人のリーダーの葛藤と決断。

建《けん》築《ちく》家《か》、走《はし》る

新潮文庫　く－50－1

平成二十七年九月一日発行
令和三年十月二十五日三刷

著者　隈《くま》研《けん》吾《ご》

発行者　佐藤隆信
発行所　株式会社 新潮社
郵便番号　一六二―八七一一
東京都新宿区矢来町七一
電話　編集部(〇三)三二六六―五四四〇
　　　読者係(〇三)三二六六―五一一一
http://www.shinchosha.co.jp

印刷・大日本印刷株式会社　製本・加藤製本株式会社

ISBN978-4-10-120036-1　C0195